Markus Ottersbach

Jugendliche in marginalisierten Quartieren

Markus Ottersbach

# Jugendliche in marginalisierten Quartieren

Ein deutsch-französischer Vergleich

**VS VERLAG FÜR SOZIALWISSENSCHAFTEN**

VS Verlag für Sozialwissenschaften
Entstanden mit Beginn des Jahres 2004 aus den beiden Häusern
Leske+Budrich und Westdeutscher Verlag.
Die breite Basis für sozialwissenschaftliches Publizieren

Bibliografische Information Der Deutschen Bibliothek
Die Deutsche Bibliothek verzeichnet diese Publikation in der Deutschen Nationalbibliografie;
detaillierte bibliografische Daten sind im Internet über <http://dnb.ddb.de> abrufbar.

1. Auflage August 2004

Alle Rechte vorbehalten
© VS Verlag für Sozialwissenschaften/GWV Fachverlage GmbH, Wiesbaden 2004

Der VS Verlag für Sozialwissenschaften ist ein Unternehmen von Springer Science+Business Media.
www.vs-verlag.de

Das Werk einschließlich aller seiner Teile ist urheberrechtlich geschützt. Jede Verwertung außerhalb der engen Grenzen des Urheberrechtsgesetzes ist ohne Zustimmung des Verlags unzulässig und strafbar. Das gilt insbesondere für Vervielfältigungen, Übersetzungen, Mikroverfilmungen und die Einspeicherung und Verarbeitung in elektronischen Systemen.

Die Wiedergabe von Gebrauchsnamen, Handelsnamen, Warenbezeichnungen usw. in diesem Werk berechtigt auch ohne besondere Kennzeichnung nicht zu der Annahme, dass solche Namen im Sinne der Warenzeichen- und Markenschutz-Gesetzgebung als frei zu betrachten wären und daher von jedermann benutzt werden dürften.

Umschlaggestaltung: KünkelLopka Medienentwicklung, Heidelberg

Gedruckt auf säurefreiem und chlorfrei gebleichtem Papier

ISBN-13:978-3-531-14299-9    e-ISBN-13:978-3-322-80591-1
DOI: 10.1007/978-3-322-80591-1

# Inhalt

**Einleitung** .................................................. 7

**1. Jugendliche in städtischen Lebensräumen** .............. 11

**2. Jugendliche in marginalisierten Quartieren Frankreichs und der BRD** ............................................. 17
2.1 Die Situation in marginalisierten Quartieren .......... 19
2.1.1 Die sozialwissenschaftliche Diskussion um Segregation in der BRD und in Frankreich ...................... 19
2.1.2 Zum theoretischen Verständnis der Marginalisierung städtischer Quartiere ............................... 28
2.1.3 Die Relevanz des Quartiers für das Zusammenleben der Menschen ....................................... 33
2.1.4 Entstehung, Typen und Entwicklung marginalisierter Quartiere in der BRD und in Frankreich ............. 35
2.2 Die Situation der Jugendlichen in marginalisierten Quartieren ........................................... 61
2.2.1 Die Situation in Frankreich ......................... 61
2.2.2 Die Situation in der BRD ............................ 66
2.3 Jugendgewalt in marginalisierten Quartieren .......... 71

**3. Politische Programme zur Integration marginalisierter Quartiere in der BRD und in Frankreich** ............... 81
3.1 Politische Programme in der BRD ..................... 82
3.1.1 Länderspezifische Programme ......................... 83
3.1.2 Bundespolitische Programme .......................... 85
3.2 Politische Programme in Frankreich .................. 88
3.2.1 Die *Politique de la ville* ......................... 89
3.2.2 Die Schulpolitik .................................... 96

3.2.3   Sonstige Maßnahmen ............................. 98

**4. Die Relevanz der politischen Partizipation von Jugendlichen in marginalisierten Quartieren** ...................... **101**
4.1      Das Engagement Jugendlicher auf kommunaler Ebene .. 102
4.1.1   Jugendforen und -parlamente in Deutschland ........ 104
4.1.2   Die Rolle der Vereine in den französischen Vorstädten .. 110
4.2      Die politische Partizipation von Jugendlichen:
           ein echter Beitrag zur Integration? ................. 115

**5. Eine aktive Stadtpolitik unter Berücksichtigung der sozioökonomischen und politischen Ressourcen der Jugendlichen** ....................................... **121**

**6. Literatur** ....................................... **127**

# Einleitung

Das Verhältnis von Jugend und Stadt ist im Grunde genommen ein harmonisches. Jugend gilt gemeinhin als Synonym für Dynamik, Flexibilität und Mobilität. Der Drang nach Veränderung und die Pluralität bzw. die Vielfalt der Lebensstile sind typische Kennzeichen der Jugend. Dieselben Kriterien gelten auch für die Stadt. Auch die Städte lassen sich durch Vielfalt, Mobilität, Geschwindigkeit, Dynamik, vielfältige Lebensstile und eine hohe Veränderungsbereitschaft kennzeichnen. Der Lebensraum Stadt scheint für Jugendliche insofern besonders geeignet, ja vielleicht sogar prädestiniert zu sein. In Städten können Jugendliche ihren Interessen und Bedürfnissen auf optimale Weise nachkommen. Und auch die Städte scheinen aus demographischen, ökonomischen, sozialen und kulturellen Gründen ein großes Interesse an Jugendlichen zu haben.

Die Frage ist jedoch, ob diese etwas einseitige oder plakative Perspektive wirklich für alle Jugendliche in städtischen Lebensräumen gilt. Denn genauso gut könnte man auch die Schattenseiten städtischer Entwicklung hervorheben. Hohe Verkehrsbelastung, Umweltverschmutzung, Lärm, Gestank, aber auch Drogen, Kriminalität und Bandentum sind Attribute, die man mit städtischem Leben in Verbindung bringt. Und auch mit diesen Phänomenen werden Jugendliche häufig in Kontakt gebracht; allerdings nur bestimmte Jugendliche und diese in der Regel auch nur in bestimmten städtischen Quartieren.

Quartiere dieser Art finden sich meist in Randbezirken großer Städte, sie sind ökonomisch, sozial und kulturell von der übrigen Stadt „abgekoppelt" und haben ein schlechtes Image, d.h., sie sind marginalisiert. In Frankreich spricht man diesbezüglich von „Banlieues", in den USA von „Ethnic ghettos" und in der BRD von „Sozialen Brennpunkten" oder neuerdings von „Stadtteilen mit besonderem Erneuerungsbedarf". Und auch hier scheint sich ein harmonisches Verhältnis zwischen Jugend und Stadt abzuzeichnen, allerdings unter negativen Vorzeichen.

Dem konstruierten Bild der mit Drogen, Kriminalität, Lärm und Bandentum in Verbindung gebrachten Jugendlichen einerseits und dem stigmatisierten Image marginalisierter Quartiere andererseits soll an dieser Stelle eine wissenschaftliche Perspektive entgegengesetzt werden, mit der sowohl das Verhältnis von Jugend und Stadt als auch die Situation Jugendlicher in marginalisierten

Quartieren detaillierter betrachtet werden kann. Denn nicht nur die marginalisierten Quartiere, sondern auch die Situation der dort lebenden jugendlichen Bewohner(innen) sind sehr differenziert zu betrachten, d.h., sie weisen Schwächen und Stärken auf wie andere Stadtteile bzw. Jugendliche auch. Das Problem liegt eher darin, dass im öffentlichen Diskurs über das Verhältnis von Jugendlichen und marginalisierten Quartieren bisher einerseits die Schwächen überpointiert, andererseits die Stärken vernachlässigt worden sind. Dieses Manko soll hier aus wissenschaftlicher Sicht angegangen werden. Dies kann nur durch eine differenzierte Sichtweise gelingen, d.h. eine systematische und reflektierte Perspektive, die der Differenz in Bezug auf Jugendliche, städtische Lebensräume und insbesondere der differenziert zu betrachtenden Situation von Jugendlichen in marginalisierten Quartieren gerecht wird.

Ein weiteres Anliegen dieses Buches ist die Hervorhebung der internationalen Perspektive. Im Rahmen der Globalisierung ist deutlich geworden, dass viele der aktuellen Probleme in marginalisierten Quartieren globale Ursachen haben und in ihrer Erscheinungsform vergleichbar sind. Die Situation in den marginalisierten Quartieren in Frankreich und in der BRD ist zu einem großen Teil erst im Rahmen des Globalisierungsprozesses entstanden. Die Verlagerung von Arbeitsplätzen im Produktionsbereich in Niedriglohnländer hat z.B. dazu geführt, dass in vielen französischen und deutschen Städten die gering qualifizierten Arbeitsplätze weggefallen sind. Betroffen von dieser Entwicklung waren und sind in einem besonders starken Maße Jugendliche und junge Heranwachsende, die keinen oder nur einen gering qualifizierten Schul- bzw. Ausbildungsabschluss vorweisen können.

Derartige Entwicklungen machen eine internationale Perspektive immer erforderlicher. Allerdings müssen die länderspezifischen Gegebenheiten genau in den Blick genommen werden, bevor gemeinsame Strategien entwickelt werden. Als wichtige Differenzen sind in Bezug auf Frankreich und die BRD in erster Linie die unterschiedlichen Formen der systemischen Inklusion, vor allem die ökonomische und die rechtliche Inklusion, zu berücksichtigen. Auch das architektonische Bild der französischen Vorstädte unterscheidet sich deutlich von demjenigen der marginalisierten Quartiere in der BRD. Dennoch gibt es genügend Parallelen, die es erlauben, gemeinsame Ursachen zu erkennen und gemeinsame Schlüsse zu ziehen.

Sowohl in der Literatur als auch in der politischen und pädagogischen Praxis wird das Thema der marginalisierten Quartiere oft unmittelbar mit der Migrationsthematik verbunden. Auch wenn in diesen Quartieren sowohl in Frankreich als auch in der BRD überwiegend Menschen mit Migrationshintergrund wohnen, so sind die Hintergründe weniger in den ethnischen Besonderheiten, als in den systemischen Bedingungen zu suchen, mit denen alle

Einwohner(innen) dieser Quartiere konfrontiert sind. Die Forderung nach spezifischen, ethnisch ausgerichteten Maßnahmen ist deshalb auch äußerst problematisch, weil diese Maßnahmen oft dazu tendieren, den von außen geleiteten Stigmatisierungsprozess zu verstärken.

Eine differenzierte Betrachtung der Situation von Jugendlichen in marginalisierten Quartieren unter Berücksichtigung einer internationalen Perspektive wird auch die bisher relativ erfolglosen traditionellen Handlungskonzepte der Sozialpolitik in Frage stellen müssen. Allerdings werden unter den Stichworten „Vernetzung" und „Partizipation" im Rahmen der Jugendhilfepolitik in der BRD bzw. im Rahmen der Stadtpolitik in Frankreich inzwischen auch Ansätze erprobt, die vielversprechend sind. Insofern wird auf solche Entwicklungen im Schlusskapitel ein besonderes Augenmerk gelegt.

In den folgenden Kapiteln[1] geht es zunächst darum, die Situation von Jugendlichen in städtischen Lebensräumen genauer zu betrachten. Dabei werden vor allem die ambivalenten Folgen der gesellschaftlichen Entwicklung in den Vordergrund gerückt. Die Folgen der Ausdifferenzierung gesellschaftlicher Subsysteme sind nicht nur negativ zu bewerten. Anonymisierung, Automatisierung, Verregelung und Entsubjektivierung stehen neue Freiheiten, eine verbesserte Mobilität, ein umfassenderer Informationsaustausch und eine größere kulturelle Vielfalt gegenüber. Allerdings leiden und profitieren nicht alle Jugendlichen in gleichem Maße von den Nach- bzw. von den Vorteilen städtischer Lebensräume. Jugendliche in marginalisierten Quartieren sind deutlich weniger mit den Vorteilen bzw. überproportional hoch mit den Nachteilen städtischen Lebens konfrontiert.

Im zweiten Kapitel wird dann näher darauf eingegangen, dass die Menschen in marginalisierten Quartieren – als Folge der räumlichen Kumulation der Nachteile gesellschaftlicher Ausdifferenzierungsprozesse – mit den typischen Kennzeichen benachteiligter Lebenslagen konfrontiert sind. Ökonomische Schwäche, rechtliche Benachteiligung, das Fehlen kultureller und sozialer Einrichtungen und städtebauliche Mängel gelten als typische Merkmale marginalisierter Quartiere. Aufgrund des relativ hohen Anteils Jugendlicher in solchen Quartieren ist diese Bevölkerungsgruppe überproportional stark von systemischer Exklusion, von den Folgen einer Verweigerung der Partizipation und von fehlender lebensweltlicher Anerkennung betroffen.

---

1   Einige der folgenden Kapitel basieren auf bereits publizierten Texten, die überarbeitet und aktualisiert wurden.

Im dritten Kapitel wird gezeigt, dass auch die zahlreichen politischen Programme, die sich explizit auf eine Verbesserung der Situation in marginalisierten Quartieren beziehen und in Frankreich schon seit Beginn der 80er Jahre, in der BRD sukzessive erst Mitte der 90er Jahre etabliert wurden, die Situation der Bewohner(innen) marginalisierter Quartiere bisher nicht maßgeblich verbessert haben. Nach wie vor sind marginalisierte Quartiere sowohl in Frankreich als auch in der BRD ein Experimentierfeld, in dem mehr oder weniger halbherzig versucht wird, mittels reaktiver Maßnahmen entweder die Situation in den Quartieren zu verbessern oder auch nur noch zu versuchen, den Zustand zu stabilisieren, um eine weitere Verschlechterung der Situation zu verhindern.

Im vierten Kapitel wird mittels der Präsentation und der Diskussion der Möglichkeiten neuer Formen der politischen Partizipation eine relativ neue Perspektive eingeführt. Trotz der bisher nur in geringem Umfang erfolgten systematischen Evaluation solcher kommunaler Beteiligungsverfahren ist hervorzuheben, dass diese Formen der Partizipation insbesondere bei den Jugendlichen stark beachtet und mit besonderem Eifer erprobt werden.

Im fünften Kapitel geht es darum, in einer Art Resümee die Eckpfeiler einer aktiven Stadtpolitik auszuloten. Wenn es um die Einführung und Erprobung neuer politischer Maßnahmen zur Verbesserung der Situation marginalisierter Quartiere geht, sollten die sozioökonomischen und politischen Ressourcen der Bewohner(innen) dieser Quartiere nicht mehr länger ignoriert, sondern angemessen gefördert werden.

# 1. Jugendliche in städtischen Lebensräumen

Ein typisches Kennzeichen moderner Gesellschaften ist ihre starke Tendenz zur Ausdifferenzierung in formal-rationale Systeme. Es entstehen immer mehr Sub- oder Teilsysteme, die hochspezialisiert sind und denen es zudem häufig an Kontakten zu anderen Subsystemen mangelt[2]. Konkret bedeutet dies z.B., dass im Subsystem der Wissenschaft auf der einen Seite ein immer spezielleres Wissen gefordert und angeeignet wird, auf der anderen Seite eine Auseinandersetzung mit anderen Wissenschaftsgebieten ausbleibt. Die Ausdifferenzierung bewirkt auch, dass die Menschen im Erziehungs- und Sozialisationsprozess immer häufiger und intensiver mit verschiedenen Institutionen konfrontiert sind, mit denen sie zurechtkommen müssen, d.h. deren Regeln und Verfahrensnormen sie sich aneignen, deren Inhalte sie eigenständig bearbeiten müssen und die sie partiell auch ein Stück mitgestalten bzw. beeinflussen können[3].

Von dieser Ausdifferenzierung ist insbesondere auch das Leben der Menschen in Städten betroffen. Die Städte sind bekanntlich die Orte, an denen gesellschaftliche Veränderungen am ehesten und am deutlichsten sichtbar werden, sie gelten als „Laboratorien der Moderne" (Nassehi 2002, S. 211). Denn sowohl die *Einführung* der Industriegesellschaft als auch der *Umbau* der Industriegesellschaft, der sowohl durch eine De-Industrialisierung als auch durch eine Neu-Industrialisierung gekennzeichnet ist, lassen sich vor allem in Städten ablesen. Bezüglich der Einführung der Industriegesellschaft merkt Nassehi (2002, S. 212) an, dass sich zum ersten Mal in den Städten das gesellschaftlich bedingte Problem der sozialen Ungleichheit widerspiegelt. Er beschreibt, dass erst in den Städten Reichtum und Armut systematisch und in diesem Ausmaß an einem Ort kumulieren. Und die Städte sind es auch, in denen die moderne Form der Arbeitsteilung und der Inklusion durch Erwerbsarbeit entwickelt wird. In Bezug auf den Umbau der Industriegesellschaft ist die Entwicklung der Städte von der zeitgenössischen Stadtforschung im Rahmen

---

2 Im Jargon der Systemtheorie werden diese Subsysteme als „autopoietische" bezeichnet. Die einzelnen Subsysteme steuern sich nahezu selbst, verselbständigen sich und sind auf einen Austausch mit anderen Subsystemen nicht (mehr) angewiesen.
3 Konkret bedeutet dies für Jugendliche z. B., dass sie zur Gestaltung ihres Alltags „(...) mal die kommunale Infrastruktur (Versorgung, Transport), mal ökonomische Prozesse (Handel, Einkauf), mal Bildungsangebote (Schule, Weiterbildung), mal Informationssysteme (Rundfunk, Zeitung) usw." (Bukow 2000, S. 21) nutzen.

des Übergangs von der „fordistischen zur postfordistischen Urbanisierung" (vgl. z.B. Soja 1995, S. 148f.) beschrieben worden. Die modernen Städte lassen sich durch Technologieparks, Einkaufszentren, so genannte „shopping-malls" und Freizeiteinrichtungen kennzeichnen, die eine breite und vielfältige Palette an Dienstleistungszentren repräsentieren. Aufgrund technologischer Innovationen entstehen immer wieder neue Industriezweige. Diese sind aber längst nicht mehr auf den Standort „Stadt" angewiesen (vgl. z.B. Häußermann/Siebel 1987, S. 63f.), sondern bevorzugen preiswertere städtische Randgebiete. Zu der durch die Industrialisierung bewirkten Trennung zwischen Arbeit und Wohnen gesellt sich nun auch noch die räumliche Abspaltung der Befriedigung von Freizeit- und Konsumbedürfnissen.

Neben der institutionellen gibt es heute verstärkt auch eine räumliche Ausdifferenzierung der Subsysteme. Während sich die florierenden Dienstleistungsbranchen (Banken, Versicherungsunternehmen etc.) hohe städtische Mieten leisten können, müssen immer mehr Menschen das Wohnen in Schlafstädten organisieren, deren Ghettocharakter einmal durch Hochhaussiedlungen, in anderen Gebieten durch Überwachungskameras und private Sicherheitsdienste gekennzeichnet ist. Die Abwanderung der wohlhabenden Bevölkerung, eine steigende Zahl von Arbeitslosen, die weiterhin auf preiswerten städtischen Wohnraum angewiesen ist, und die Ansiedlung neuer Technologiezentren außerhalb der Städte führen zu enormen Steuereinnahmeverlusten, die die Kommunen zu immer drastischeren Sparmaßnahmen zwingen[4] (vgl. Häußermann/Siebel 1987, S. 143ff.).

Sowohl die negativen als auch die positiven Folgen der Ausdifferenzierung städtischer Lebensräume sind für jeden Einzelnen spürbar: Die Städte werden immer anonymer, alles wird automatisiert und „verregelt", so dass dem Einzelnen ständig neue Kompetenzen abverlangt werden, um den Alltag im Quartier meistern zu können[5]. Die Menschen empfinden sich dabei immer häufiger als Objekte, d.h. sie nehmen sich nicht mehr als handelnde, als eigenständige Konstrukteure ihres Alltags wahr, sondern nur noch als Wesen, über die be-

---

[4] Profiteure dieser Entwicklung sind die Umlandgemeinden, deren Attraktivität zudem noch durch das benachbarte kulturelle Angebot der Städte, für das sie selbst keine Kosten aufbringen müssen, steigt (vgl. Hanesch 1997, S. 31).

[5] Nicht umsonst sind die ersten kommunalen Beteiligungsmodelle im Rahmen der Stadterneuerung und der Wohnumfeldverbesserung entstanden (vgl. Bussfeld 1986, S. 47ff.). Beteiligung wurde dabei schon früh einerseits als eine Aktivierung der Quartiersbewohner(innen) (Handwerker(innen), Gewerbetreibende, Hausbesitzer(innen) etc.) zu ökonomischen Aktivitäten, als eine Zunahme an Eigenarbeit z.B. in Form von Qualifizierungsmaßnahmen von Sozialhilfeempfänger(innen) und andererseits im Sinne einer Teilnahme bzw. Teilhabe an quartiersrelevanten öffentlichen Entscheidungsprozessen betrachtet (vgl. hierzu Selle 1994, S. 58ff.).

stimmt, für die gehandelt und mit denen umgegangen wird[6]. Als Reaktion auf diese Entwicklung beobachten wir einerseits eine zunehmende Flucht ins Private, ein überall beobachtbarer Rückzug in die Familie, in peer-groups oder – insbesondere bei Jugendlichen – in spezialisierte, individuelle Lebensstile und in die Beschäftigung mit Medien, die die zwischenmenschliche Kommunikation ersetzen[7].

Auf der anderen Seite sehen wir aber auch die positiven Entwicklungen der Städte: Gerade die Anonymität ermöglicht auch ein freies und unbeobachtetes Dasein, die „Blasiertheit des Städters" (Simmel) eröffnet Wege jenseits der Kontrolle und der bürgerlichen Sicherheit, die Vielfalt der Verkehrsmittel erhöht die Mobilität, die kulturelle Vielfalt erweitert den eigenen Horizont und die Mannigfaltigkeit und die Dichte der Anschlussfähigkeit bzw. der Kommunikation in städtischen Lebensräumen steigern eine differenzierte Inklusion. Als Folge dieser Entwicklung erkennen wir in den städtischen Lebensräumen eine erhöhte Bereitschaft, hoch individualisierte Lebensstile auszuleben, ein erweitertes Interesse an der Auseinandersetzung mit Kultur und auch ein stärkeres Bedürfnis, Öffentlichkeit mitzugestalten.

Von den angedeuteten typischen Entwicklungslinien gegenwärtiger Gesellschaften sind gerade auch Jugendliche betroffen. Die Ambivalenzen, die sich aus der Individualisierung, der Pluralisierung und der Globalisierung ergeben (vgl. hierzu z.B. Beck 1986, Beck/Beck-Gernsheim 1994, Ferchhoff/ Neubauer 1997, S. 39ff.) und in besonderem Maße in Städten sichtbar werden, betreffen eben alle Generationen. So sind in Bezug auf Jugendliche *einerseits* durch die Verbesserung der Bildungschancen, die Zunahme der Chancengleichheit zwischen den Geschlechtern, durch Einkommensverbesserungen („Fahrstuhleffekt"), Demokratisierung und zunehmende politische Bildung egalitäre Aspekte ausgebaut worden. *Andererseits* sind durch die zunehmende Auflösung traditioneller Beziehungen (Großeltern-Eltern-Kinder), die Pluralisierung von

---

6 Tatsächlich impliziert die Ausdifferenzierung des städtischen Alltags jedoch Ambivalenzen. Ein positives Ergebnis ist z.B. die egalitäre Wirkung der einzelnen Subsysteme. Die immer weitergehende Gleich*stellung* der Bürger(innen) ist eine Folge dieser Ausdifferenzierung. Andererseits – und darauf wird hier im Moment Wert gelegt – verhalten sich die einzelnen Systeme und Subsysteme aber auch weitgehend gleich*gültig* gegenüber den Bürger(innen), d.h. sie ignorieren sie in ihren individuellen Belangen (vgl. hierzu ausführlicher Bukow 2000a, S.22f.).

7 Die neu entstandenen „Patchwork-Identitäten" (vgl. Ferchhoff/Neubauer 1997, S. 115ff.) spiegeln gerade auch die Situation von Jugendlichen in der Gegenwart wider. Insbesondere Jugendliche sind schon mit verschiedenen sozialen Netzwerken und Kontexten konfrontiert und ihre Lebensstile sind insofern auch patchworkartig, d.h. sie bestehen aus vielfältigen, zusammengebundenen und hybriden Ausdrucksformen.

Wert- und Orientierungsmustern und die Verlängerung der Schul- und Ausbildungsphase neue Unsicherheiten für Jugendliche entstanden.

Die Individualisierung von Lebenslagen und die Pluralisierung von Beziehungs- und sogar Lebensformen bewirken in der Tat „riskante Freiheiten" (Beck/Beck-Gernsheim 1994), d.h., sie bewirken Lebensstile, mit denen Jugendliche schon früh zur „Freiheit verdammt" werden, „sich wählen" oder „sich selbst-entwerfen" dürfen *und* müssen, wie dies Sartre (1962, S. 561ff.) bereits auf eine vergleichbare Art und Weise ausgedrückt hat.

Neben der Zunahme an Möglichkeiten sind Jugendliche aber auch stärker als früher durch systemisch bedingte Exklusionen betroffen, die eine erfolgreiche Inklusion gefährden (vgl. hierzu ausführlicher Ottersbach/Trautmann 1999, S. 138ff.). Ob es sich dabei um Reste der Exklusionsformen stratifikatorischer Gesellschaften oder um negative Folgen der Ausdifferenzierung moderner Gesellschaften handelt, spielt für die Betroffenen kaum eine Rolle. Prägnant ist dabei aber, dass Schichtung bzw. Unterschichtung weiterhin entscheidende Bestandteile moderner Vergesellschaftung darstellen und die Kompensation bzw. die sozialverträgliche Organisation sozialer Ungleichheit in den europäischen Städten in zunehmendem Maße weniger erfolgreich gelingt.

In diesem Zusammenhang betrachtet Münchmeier (1998, S. 4f.) die rapide Zunahme von Arbeitslosigkeit seit Beginn der 80er Jahre als ein besonders bedrohliches gesellschaftliches Problem für Jugendliche:

„Die Krisen im Erwerbssektor (...) haben inzwischen (...) das Zentrum der Jugendphase erreicht. Wenn die Arbeitsgesellschaft zum Problem wird, dann muß auch die Jugendphase als Phase der biographischen Vorbereitung auf diese Gesellschaft davon tangiert sein."

Besonders prekär und bedrohlich ist die Lebenslage derjenigen Jugendlichen, die von einer mehrfachen Benachteiligung betroffen sind. Wenn neben Arbeitslosigkeit auch noch eine schlechte Wohnsituation bzw. -lage, gesundheitliche Probleme und weitere Verarmungsprozesse hinzukommen, potenzieren sich die Exklusionsmechanismen und es entstehen sog. Synergieeffekte, die kaum noch zu korrigieren sind (vgl. Ottersbach 2001d, S. 107). Eine „no future"-Perspektive wird dann immer wahrscheinlicher.

Als Reaktion auf diese Probleme wird Jugendlichen auch von kritischen Erwachsenen ein Desinteresse an Politik attestiert. Das auch mit dem Schlagwort der „Politikverdrossenheit" bezeichnete Phänomen des Rückzugs in die Privatsphäre kennzeichnet jedoch gerade bei Jugendlichen nicht eine Verdrossenheit gegenüber Politik schlechthin, sondern eher gegenüber den Repräsentant(inn)en der Politik, den Parteien und Politiker(inne)n, oder etwas abstrakter: gegenüber dem gegenwärtigen politischen System der Repräsentation (vgl. auch Gessenharter 1996, S. 9)[8]. Mit anderen Worten: Wer nach den Gründen jener Verdrossenheit suchen will, sollte sich nicht an die Jugendlichen wenden, sondern an diejenigen, die diese Verdrossenheit tatsächlich bewirken. Was sich schließlich hinter diesen scheinbaren Ermüdungserscheinungen verbirgt, ist nicht so sehr die Übersättigung durch Politik, sondern ein Wunsch nach eigener, direkter Partizipation. Empirische Studien wie z.B. die eben zitierte Shell-Studie aus dem Jahr 1997 belegen diese „Sehnsucht" nach selbständigen Entscheidungen und nach eigenständiger Verantwortung, die im Übrigen auch nicht nur das individuelle Wohl betreffen, sondern auch das Quartier oder das Wohnumfeld. Nur ist es nicht mehr so sehr die klassische Bereitschaft, sich langfristig in Parteien, Gewerkschaften oder Kirchen zu engagieren, sondern es ist eine polymorphe, eine – mit den Worten der Herausgeber – „ungebundene ‚vagabundierende' Engagementbereitschaft" bei den Jugendlichen anzutreffen (Fischer/Münchmeier 1997, S. 20).

Das Absurde an der aktuellen Situation der Jugendlichen ist jedoch, dass, obwohl man von ihnen eine positive Einstellung zur Demokratie erwartet oder gar verlangt, man ihnen eine tatsächliche Beteiligung an ihr vorenthält. Zwar betonen alle, man müsse Jugendliche frühzeitig an demokratische Strukturen gewöhnen und Gelegenheiten schaffen, dass Jugendliche diese einüben können[9]. Im Grunde genommen wird ihnen dieses Experimentierfeld jedoch versagt und man vertröstet sie auf später bzw. man macht ihnen a priori glaubhaft, dass nur eine indirekte Partizipation durch die Wahl des Parlaments auf den entsprechenden territorialen Ebenen sinnvoll und praktikabel sei. Mit anderen Worten: Die Situation von Jugendlichen entspricht einem Dilemma. Während von ihnen einerseits erwartet wird, dass sie aktive Bürger(innen) und Unterstützer(innen) der pluralistischen Demokratie werden, wird ihnen andererseits der Weg dorthin mehr oder weniger versperrt. Neben dieser Einschränkung der politischen Partizipation kommen in den sog. marginalisierten Quartieren noch weitere Benachteiligungen der Jugendlichen hinzu, auf die im nächsten Kapitel ausführlich eingegangen wird.

---

8  Fischer/Münchmeier (1997, S. 16f.) weisen darauf hin, dass bisher unterstellte (Bedingungs-)Zusammenhänge (wie z.B. politisches Wissen und die Bereitschaft, sich zu engagieren) und die üblichen binären Schemata „politisch-unpolitisch" oder „engagiert-desengagiert" auf die heutige Gesellschaft und insofern auch auf die heutige Jugend nicht mehr passen. „Der" Jugend eine sog. „Politikverdrossenheit" zu bescheinigen, halten sie für zu kurz gegriffen. Stattdessen entdecken sie in den Haltungen der Jugendlichen eher eine „Jugendverdrossenheit der Politik".
9  Dazu hat sicherlich auch eine Demokratisierung der Sozialisation und der Erziehung in der Schule und in der Familie beigetragen (vgl. hierzu auch Schröder 1995, S. 14).

## 2. Jugendliche in marginalisierten Quartieren Frankreichs und der BRD

In marginalisierten Quartieren „verbreitet" sich das Problem der individuellen mehrfachen Benachteiligung (Arbeitslosigkeit, schlechte Wohnqualität, eindimensionale Netzwerke, gesundheitliche Probleme etc.) auf die Problematik vieler Menschen in sozial abgegrenzten oder segregierten Lebensräumen, die zugleich von außen stigmatisiert werden. Das Quartier wird architektonisch zum Symbol mehrfacher Benachteiligung, wenn sich zahlreiche Menschen mit individueller mehrfacher Benachteiligung in bestimmten Räumen freiwillig ansammeln bzw. auf Druck von außen „angesammelt werden" und sich räumlich von ihresgleichen mit weniger brisanten Lebenslagen abgrenzen bzw. von diesen abgegrenzt werden[10]. Die Abgrenzung geschieht gemeinhin durch eine Blockade des Zugangs zu ökonomischen, sozialen und kulturellen Ressourcen, verbunden mit einem Stigma, das dem Quartier von außen auferlegt wird, und – wenn überhaupt – erst sekundär von den Bewohner(inne)n des Quartiers übernommen wird.

Für Jugendliche ist diese Situation besonders prekär, weil sie aufgrund ihres Alters häufig als das „zukünftige Humankapital" moderner Gesellschaften betrachtet werden. Damit sind gesellschaftliche Anforderungen und Erwartungen verbunden, die die Jugendlichen aufgrund ihrer prekären Lage nur bedingt erfüllen können. Wächst man in einer Familie auf, die bereits in der dritten Generation auf Sozialhilfebezug angewiesen ist, dann sind die Bildungschancen in der Regel deutlich eingeschränkt (vgl. hierzu Deimann/Ottersbach 2003). Auch das Milieu, in dem die Jugendlichen aufwachsen, wirkt sich nicht gerade förderlich auf die Bildung der für eine gelungene Karriere wichtigen sozialen Netzwerke aus. Neben den schlechten Ausgangsbedingungen kommt häufig hinzu, dass im öffentlichen Diskurs die Schuldfrage den Jugendlichen selbst angelastet wird. Prekäre Lebenslagen werden in zahlreichen Medien individualisierend begründet, d.h., die Menschen in marginalisierten Quartieren werden selbst für ihre Situation verantwortlich gemacht. Manchmal werden

---

10 Hier ist bereits der Doppelcharakter marginalisierter Quartiere angedeutet. Differenzieren muss man zwischen freiwilliger und mehr oder weniger erzwungener Segregation.

dann zudem auch noch ganze Quartiere stigmatisiert. Häufig reicht dann schon der Verweis auf den Wohnort aus, um eine Lehrstelle oder ein Arbeitsangebot nicht zu bekommen.

Um das Leben Jugendlicher in solchen Quartieren systematisch zu erschließen, ist es ratsam, zunächst intensiver auf die Situation in marginalisierten Quartieren allgemein einzugehen. Vier bündelbare Aspekte sind dabei von Bedeutung:
1. die Präsentation der Forschungsentwicklung und des gegenwärtigen Forschungsstands zu städtischen Segregations- bzw. Exklusionsprozessen in beiden Ländern,
2. die Entfaltung eines theoretischen Verständnisses marginalisierter Quartiere,
3. die Darstellung der Relevanz des Quartiers für das Zusammenleben der Bewohner(innen) und schließlich
4. die Entstehung, Entwicklung und die Typen marginalisierter Quartiere in der BRD und in Frankreich.

Im zweiten Abschnitt dieses Kapitels wird dann konkret auf die Situation der Jugendlichen in solchen marginalisierten Quartieren rekurriert. Eine Differenzierung erscheint mir bei der Analyse der Situation der Jugendlichen in Frankreich und in der BRD besonders wichtig: Der unterschiedliche Zugang zur Staatsangehörigkeit bzw. zur Staatsbürgerschaft für jugendliche Ausländer(innen) in der BRD und in Frankreich.

Mit anderen Worten: Aufgrund der sehr stark differierenden Zugangsmöglichkeiten zur deutschen Staatsangehörigkeit in der BRD und zur französischen Staatsbürgerschaft in Frankreich dominieren in marginalisierten Quartieren der BRD Jugendliche ohne deutschen Pass, in Frankreich hingegen junge Französinnen und Franzosen, die jedoch häufig einen Migrationshintergrund haben. Ihre Rechte, vor allem diejenigen der politischen Partizipation, sind jedoch wesentlich umfangreicher als diejenigen ihrer Altersgenossen in der BRD. Diese Unterscheidung ist sehr wichtig, weil sie das die öffentliche Erscheinung von Migrant(inn)en prägende Bild enorm beeinflusst.

Im letzten Abschnitt dieses Kapitels werde ich dann ausführlich auf die häufig aus populistischen Motiven entwickelten und stigmatisierend wirkenden öffentlichen Diskurse der Jugendgewalt in marginalisierten Quartieren eingehen und sie den unterschiedlichen Formen und Motiven der Jugendgewalt in Frankreich und in der BRD gegenüberstellen.

## 2.1 Die Situation in marginalisierten Quartieren

### 2.1.1 Die sozialwissenschaftliche Diskussion um Segregation in der BRD und in Frankreich

Die sozialwissenschaftliche Diskussion in der BRD

Im Zuge der Ausdifferenzierung der modernen Gesellschaften und der Wissenschaften nahm auch in Deutschland nach dem 2. Weltkrieg das Interesse der Soziologinnen und Soziologen zu, sich explizit mit dem Thema „Stadt" auseinanderzusetzen. Insbesondere durch die Aufnahme und die Verwertung der Forschungsergebnisse der Chicagoer Schule, mit dem Aufkommen der Lebensstilforschung in den 80er Jahren (vgl. Dangschat/Blasius 1994) und mit der Diskussion um die Zukunft der „Sozialen Stadt" seit Anfang der 90er Jahre (vgl. Schäfers/Wewer 1996; Hanesch 1997; Dangschat 1999) entstand dann ein richtiger Boom innerhalb der Soziologie, sich mit der Entwicklung der Städte auseinanderzusetzen, so dass in der BRD eine weitere eigenständige Disziplin innerhalb der Soziologie entstand: die Stadtsoziologie.

Allerdings hatten sich schon lange Zeit vorher namhafte Soziologen mit städtischen Phänomenen beschäftigt. Zu nennen ist hier z.B. Max Weber, der die Stadt als bedeutenden Träger der Rationalität und somit als Motor der kapitalistischen Wirtschaftsordnung gesehen hat. Auch für Karl Marx spielte die Stadt als Ort der Versammlung des Proletariats und der Entstehung der Revolution eine wichtige Rolle. Georg Simmel maß der Stadt eine große Bedeutung in Bezug auf die Entwicklung sozialer Beziehungen zu. Für alle diese Autoren stand jedoch die Theorie der Gesellschaft im Vordergrund, in der die Stadt allerdings eine zentrale Rolle einnahm, und zwar sowohl als Ursache als auch als Wirkung gesamtgesellschaftlicher Entwicklungen. Auch heute ist es m.E. noch wichtig, die Stadtsoziologie in eine Theorie der Gesellschaft einzubetten.

Betrachtet man die deutschsprachigen stadtsoziologischen Diskussionen der letzten Jahre, so erkennt man grob zwei Grundlinien, die vor allem das Ausmaß der Segregation thematisieren[11].

Gemäß der einen Orientierung wird dabei eine negative Entwicklung der Städte aufgezeigt:

---

11 Parallel zur Diskussion um das Ausmaß der Segregation gibt es auch die Diskussion um die Bewertung der freiwilligen bzw. der erzwungenen Segregation, die im Grunde eine Folge dieser beiden verschiedenen Grundlinien ist und auf die ich deshalb nicht näher eingehe (vgl. z.B. Häußermann/Siebel 2002, S. 29ff.).

a) das Ende der zivilisierten Stadt sei in Sicht (Eisner 1997),
b) die Stadt sei von einer Krise betroffen (Heitmeyer/Dollase/Backes 1998) bzw. die „Integrationsmaschine" Stadt funktioniere nicht mehr (Häußermann 1995) oder
c) die Stadt sei durch den fortgeschrittenen Kapitalismus zweckentfremdet (Feldkeller 1994).

Gemäß der anderen Grundlinie wird das Bild von bzw. die Kritik der fehlenden Integrationskraft der Städte relativiert:
a) Ungleichheit und Konflikte seien nicht der Stadt geschuldet, sondern gesamtgesellschaftspolitischen Entscheidungen (vgl. Krämer-Badoni 2001),
b) das zivilgesellschaftliche Potenzial der europäischen Städte sei relativ hoch (vgl. Schmals/Heinelt 1997) oder
c) die Ressourcen der Menschen zur Verbesserung der Situation in marginalisierten Quartieren würden unterschätzt (vgl. Bukow/Nikodem/Schulze/Yildiz 2001).

Die Frage ist nun: Welches Szenario ist denn nun empirisch gesehen haltbar?
Fragt man die Betroffenen, die Menschen in den Städten, dann gehen die Meinungen auseinander. Auf der einen Seite gibt es diejenigen, die sich nach wie vor aufgrund des vielfältigen Angebots an Arbeit, an Wohnungen, der Freizeitgestaltung, der Verkehrsanbindung und sozialer und kultureller Einrichtungen in Städten wohlfühlen, auf der anderen Seite gibt es in bestimmten Quartieren auch immer mehr Menschen, die ihr Quartiere am liebsten sofort verlassen würden.

Betrachtet man die Städte genauer, dann wird offensichtlich, dass es sich vielmehr um eine Krise handelt, die vor allem *bestimmte* Quartiere in *bestimmten* Städten betrifft, wobei die Krisen sich vor allem in den im Rahmen der Industrialisierung stark gewachsenen Städten, den heutigen Großstädten, konzentrieren. Aber auch bei den Großstädten gibt es z.B. zwischen den ostdeutschen Städten, den Städten des Ruhrgebiets und den süddeutschen Städten wie Stuttgart oder München enorme Differenzen[12]. Insofern ist die Rede von einer *allgemeinen* Krise der Städte überzogen, eher trifft es schon zu, dass die Spaltung vieler Städte zunimmt, dass es einerseits Quartiere gibt, die immer wohl-

---

12  Vergleicht man z.B. die Kategorien Arbeitslosenquote und Kaufkraft, so weisen Stuttgart bzw. München und die Städte des Ruhrgebiets im Jahr 1985 bzw. 1986 die größten Differenzen auf (vgl. hierzu Häußermann/Siebel 1987, S. 84 ). Neuere Untersuchungen verdeutlichen, dass es nicht in allen Großstädten der BRD solche marginalisierten Quartiere gibt. So haben Graffe/Doll (2000, S. 246) für die Stadt München aufgezeigt, dass es dort keine Tendenz zur Ghettoisierung oder Marginalisierung von Quartieren gibt.

habender werden, und andererseits Viertel, die immer stärker von Marginalisierung betroffen sind. Das Krisenphänomen in den Städten allgemein und dann auch noch in der gesamten Stadt ausfindig zu machen, ist demnach nicht nur übertrieben, sondern ähnelt eher der Konstruktion eines Krisenphänomens. Insgesamt betrachtet, ist die Situation in der BRD gegenüber derjenigen in den amerikanischen Ghettos oder in den französischen *Banlieues* weitaus weniger brenzlig[13], auch wenn soziale Segregation und Polarisierung in letzter Zeit in den deutschen Städten aufgrund der steigenden Arbeitslosigkeitsrate und wachsender Armut zunehmen[14].

Die sozialwissenschaftliche Diskussion in Frankreich

Da in Frankreich die Problematik der Segregation in den Städten schon seit längerer Zeit besteht und weitaus größer ist, begegnet man dort auch schon länger andauernden und intensiveren wissenschaftlichen Diskussionen.

Der Hintergrund des Begriffs der sozialräumlichen Segregation basiert auf den Diskussionen in Frankreich um den Begriff der *L'exclusion* (die Exklusion), der entweder im ökonomischen Sinne als Ausgrenzung aus dem Arbeitsmarkt, im rechtlichen Sinne als Verweigerung der politischen Partizipation, im sozialen Sinne als Ausschluss aus einer Gruppe oder auch im kulturellen Sinne als Ausschluss aus einem Milieu mit seinen bestimmten Werten verstanden wird. Um die sozialwissenschaftliche Diskussion zu sozialräumlicher Segregation widerzuspiegeln, ist eine historische Betrachtung dringend geboten. Denn die Bedeutung der *L'exclusion* ist untrennbar mit dem Wandel der Sozialstruktur in Frankreich bzw. in den Industriestaaten und dann auch mit dem Wandel des Verhältnisses zwischen System und Individuen einerseits und den Individuen untereinander andererseits verbunden. In Bezug auf die Entwicklung des Begriffs ist vor allem seine sukzessiv erfolgte Ausweitung prägnant, die immer auch als eine Kritik an seiner bisherigen Engführung zu interpretieren ist.

Lange Zeit wurde die Diskussion im Rahmen des Begriffs der sozialen Frage geführt[15]. In den sechziger Jahren meinte *L'exclusion* im ethisch-sozialen Sinne die Ausgrenzung von Armen. Im Zusammenhang mit der Thematik der

---

13 Zur Differenz des Ausmaßes der Probleme in deutschen und französischen Städten vgl. Loch 1998, S. 281; zu den Unterschieden zwischen französischen und amerikanischen Vorstädten bzw. Ghettos vgl. Wacquant 1997, S. 169ff.
14 Vgl. hierzu Hauser 1999. Während 1973 nur 6,5% der Menschen in der BRD weniger als die Hälfte des durchschnittlichen Einkommens zur Verfügung stand, waren es 1988 bereits 8,8% und 1995 schon 11,9%. Die Entwicklung in deutschen Städten ist hier kein Einzelfall.
15 Vgl. zur Entwicklung der Diskussion um das Thema Exklusion insbesondere Paugam 1996, auch Delorme/Tietze 2001, Kühr 2001.

*Quart Monde* (die „vierte Welt") ging es um eine Kritik an der Ausgrenzung der nicht an der Phase der *Trente Glorieuse* (die glorreichen Dreißiger), der Zeit der Vollbeschäftigung und des Aufschwungs partizipierenden Bevölkerung. Mit dem damals kreierten Begriff der *L'exclusion sociale* (die soziale Exklusion) wollte man die Situation der in den französischen Vorstädten, den sog. *Bidonvilles*[16], lebenden Menschen anprangern. Zu nennen ist in diesem Zusammenhang vor allem das Engagement des *Abbé Pierre*, eine charismatische Gestalt und lange Zeit beliebte Persönlichkeit, die sich für die Abschaffung der *Bidonvilles* einsetzte[17], und der Einsatz des Gründers der Organisation *ATD-Quart Monde*, Priester *Joseph Wrésinski*.

Während der 70er Jahre wurde die Diskussion über Exklusion unter dem Vorzeichen der pathologischen Abweichung der Ausgeschlossenen geführt. Es ging um die Ausgrenzung von „nicht assimilierbaren Individuen", die einer kontinuierlichen Fürsorge bedürfen. Dazu zählten neben Armen auch Drogenabhängige, Delinquente, Behinderte und psychisch Kranke.

Erst später – in den 80er Jahren –, bedingt durch den Wandel der Arbeitsgesellschaft und den damit verbundenen Beginn der Massenarbeitslosigkeit, kam es zu einem Perspektivenwechsel, mit dem die sozialen Probleme der Menschen dann eher vor dem Hintergrund strukturell bedingter Defizite ins Visier rückten. Dieser Wandel der fordistischen Industriegesellschaft mit ihrer expansiven Wirtschaftsstruktur, ihrer geringen Arbeitslosigkeit und mit ihrem funktionierenden sozialen Sicherungssystem zur postfordistischen Industrie- bzw. Dienstleistungsgesellschaft[18] hat sowohl zu einem quantitativen Anstieg als auch zu einer neuen Qualität der Exklusion geführt[19]. Neben diesen direkten gab es auch indirekte Auswirkungen dieses Wandels, der sich vor allem auf die den Staat repräsentierenden und dessen Interessen widerspiegelnden Institutio-

---

16   Der Begriff *Bidonville* setzt sich zusammen aus *Bidon* = Kanister und *Ville* = Stadt. Gemeint ist damit eine Art Wellblechhüttensiedlung.

17   Diese *Bidonvilles* wurden später tatsächlich abgerissen und an ihre Stelle wurden die *Grands Ensembles*, die Trabantenstädte, errichtet, in denen dann die Bevölkerung auf etwa gleich engem Raum, allerdings mit sanitären Anlagen und deutlich verbessertem Komfort ausgestattet, lebte.

18   Während 1974 in Frankreich noch etwa 40% der Personen in der Industrie und 50% im Dienstleistungsbereich tätig waren, beträgt das Verhältnis heute 25% zu 70% (vgl. zu den Zahlen Worms 2001, S. 376). Die Masse der unqualifizierten Arbeiter ist – so der Autor – deshalb die „(...) Bevölkerungsgruppe mit der höchsten Arbeitslosenrate, [den, *d. Verf.*] am meisten gefährdeten Arbeitsplätzen und [den, *d. Verf.*] schlimmsten Merkmalen gesellschaftlicher Ausgeschlossenheit".

19   Allerdings interpretierte man die Krise zunächst nur als eine wirtschaftliche, als eine konjunkturbedingte, die irgendwann wieder vorübergehen würde. Erst später, nachdem die Unruhen anhielten bzw. noch stärker wurden, erkannte man, dass es sich um eine gesellschaftspolitische Krise handelt.

nen bezog[20]. Daraufhin wurden unter den Exkludierten nicht mehr nur die bereits aufgeführten Gruppen gefasst, sondern die Diskussion wurde stärker auf die Funktion dieser staatlichen Institutionen bezogen. Das Versagen der klassischen Integrationsinstanzen wie die Schule, die Arbeit, die medizinische Sicherung und auch die Stadt gelangten ins Zentrum der Diskussion. Aufgrund der zu Beginn der 80er Jahre entstehenden Unruhen in einigen französischen Vorstädten wird die Diskussion auf die Problematik in den *Banlieues*[21] zugespitzt. Erste politische Programme im Rahmen einer *Politique de la Ville* (Stadtpolitik) werden in den 80er Jahren aufgelegt, die auf eine Förderung der beruflichen wie der sozialen Integration der Bewohner(innen) zielen. Die postfordistische Wirtschaftsentwicklung, die weiter ansteigende Massenarbeitslosigkeit, aber auch die demographische Entwicklung und die Entwicklung des Wohnungsmarktes bewirken eine allmähliche Konzentration der Bevölkerung mit Migrationshintergrund in den *Banlieues*[22]. Arbeitslosigkeit, prekäre Beschäftigungs-

---

20 Worms (2001, S. 405f.) spricht in diesem Zusammenhang von zwei bedeutsamen Krisen in Frankreich: einer wirtschaftlichen Krise, die sich durch die soziale Umverteilung von Einkommen und Beschäftigung kennzeichnen lässt, und einer Krise der politischen Repräsentation, die sich auf ein Unvermögen der Vermittlungs- und Regelungsfähigkeit staatlicher Institutionen bezieht.

21 Etymologisch betrachtet, ist das Wort *Banlieue* wertneutral und heißt so viel wie Bannmeile. Es gibt sowohl reiche wie arme Vorstädte. Doch hat sich im Sprachgebrauch in den letzten Jahrzehnten ein Verständnis des Terminus *Banlieue* durchgesetzt, das sie fast ausschließlich mit negativen Inhalten besetzt. Es ist ein kollektives Bild entstanden, das sich zu gleichen Teilen aus Angst vor der *Banlieue* und aus Mitleid mit den Banlieuebewohner(inne)n und ihrer Situation zusammensetzt. Dieses Patchworkbild der *Banlieue* wird dann zum Beispiel mit den Hochhaussiedlungen und ihren Bewohnern, mit Kleinkriminalität, Armut, sich langweilenden und herumlungernden Jugendlichen, mit Straßenkämpfen mit der Polizei und *Tournantes* (Kollektivvergewaltigungen) assoziiert. In den Zeitungen werden diese Probleme neuerdings auch unter dem Begriff *Violence urbaine* (urbane Gewalt) zusammengefasst. Damit sind gemeint: Schulversagen, Arbeitslosigkeit, Alkoholismus, Drogen und Deal, Pitbullbesitzer, Rassismus, Front National, Immigration, Desozialisation, ohne ein paar kreative Komponenten wie Rap, Hip-Hop, national bekannte Musikgruppen wie Zebda oder IAM, Grafitti oder *Verlan* (die *L'envers*-Sprache der Jugendlichen, die Silben herumdreht und mit arabischen mischt) zu vergessen. In diesem Sinnzusammenhang könnte man *Banlieue* also auch mit der deutschen Wortschöpfung „sozialer Brennpunkt" übersetzen. Befragt man die Bewohner(innen) der *Banlieues*, erhält man vielerorts aber ein ganz anderes Bild als das von den Medien vermittelte. Es kommt oft vor, dass die Bewohner(innen) im Grunde genommen recht zufrieden sind mit der Situation in den Quartieren. An manchen Orten findet man sogar eine hohe Identifikation mit *ihrer Banlieue*. Vgl. zur Entwicklung des Begriffs der *Banlieue* auch Vieillard-Baron 2001.

22 Betrachtet man sich die Bewohner(innen) der *Banlieues* genauer, dann stellt man einerseits fest, dass sie verschiedener Herkunft sind, aber in etwa einer sozialen Schicht angehören. Es wohnen dort sowohl Franzosen bäuerlicher Herkunft als auch aus der Arbeiterklasse. Hinzukommen Franzosen aus den *DOM-TOM-Regionen (Départments et Territories d'Outre Mer)*, den Überseegebieten Frankreichs, und schließlich Bewohner(innen) mit Migrationshintergrund, unter denen die Maghrebiner, Portugiesen, Türken und Afrikaner und deren französische Kinder den Hauptteil ausmachen.

verhältnisse, Armut und erschwingliche Mieten sorgen dafür, dass die Menschen in diesen Orten verharren müssen. Die meisten der dort wohnenden Menschen versuchen irgendwie fortzuziehen, was jedoch nur den Wohlhabenderen gelingt[23]. Der Wegzug dieser Personen bedeutet gleichzeitig eine Zunahme der Segregation innerhalb der Vorstädte, da jetzt nur noch die randständigen Schichten dort verbleiben. Zur Diskriminierung als Bewohner der *Banlieue* kommt hinzu, dass viele der dort lebenden Menschen mit Migrationshintergrund mit rassistischen Diskriminierungen konfrontiert werden, die ihre Situation zusätzlich erschweren. Auch Jugendliche, die die *Banlieue* als ihren Wohnort preisgeben, werden zunehmend Opfer sozialer Diskriminierung. Mit der Konzentration auf die Situation in den *Banlieues* wurde in die Auseinandersetzung um das Thema der Exklusion erstmals ein explizit sozialräumlicher Aspekt hineingetragen. Die Debatte um Exklusion und Integration wurde damit einerseits näher an konkrete politische Entscheidungen und andererseits auf eine dezentralisierte Ebene gezogen.

In den 90er Jahren beginnen Sozialwissenschaftler(innen) erste Bilanzen aus der *Politique de la Ville* (Stadtpolitik) zu ziehen. Unter wechselnden Regierungsmehrheiten erhält die *Politique de la Ville* jeweils eine neue Ausrichtung. Einmal wird das Augenmerk vor allem auf die *Banlieues* gelegt, später geraten die Agglomerationen verstärkt in den Blick[24]. Wird die *Politique de la Ville* zunächst dezentral organisiert, erfährt sie später wiederum eine eher zentralistische Organisation. Werden zunächst spezifische Maßnahmen erprobt, die eine positive Diskriminierung der Banlieuebewohner(innen) bewirken und eine Abkehr vom republikanischen Prinzip beinhalten, so werden solche Maßnahmen später zugunsten der republikanischen Tradition wieder durch individualistische Maßnahmen abgelöst, die alle von Ausgrenzung Betroffenen ansprechen sollen. Auch in die sozialwissenschaftliche Diskussion werden immer wieder neue Aspekte eingespeist. Ging es früher hauptsächlich um die Bekämpfung der direkten Auswirkungen des Postfordismus, der Krise der

---

23 Eigentlich war es historisch gesehen der Sinn der *Habitation à Loyer Modéré/HLM* (Sozialwohnungen), dass die Leute dort nur für eine Zeit wohnen und wegziehen, wenn sie genug Geld haben, um eine Eigentumswohnung oder ein Einfamilienhaus zu kaufen. Bei der Arbeiterklasse hat dies partiell auch funktioniert, d. h. die qualifizierten besser bezahlten Arbeiter sind weggezogen. Allerdings hat dies später zu weiteren Problemen geführt. Viele von ihnen wurden arbeitslos und konnten ihre Häuser nicht mehr abbezahlen, was wiederum zu erheblichen Überschuldungsproblemen gerade in diesen Siedlungen von Einfamilienhäusern geführt hat.

24 Als *Banlieue* versteht man in Frankreich sowohl eine Hochhaussiedlung, die sich in einer *Municipalité* (Kommune) befindet, als auch eine *L'agglomération* (Ballungsraum) von verschiedenen Hochhaussiedlungen (vgl. hierzu auch die später folgende Typologie marginalisierter Quartiere).

Arbeits- und Industriegesellschaft, so stehen heute eher deren indirekte Auswirkungen, die in Gestalt einer Krise der Institutionen wie Schule, Jugendzentren, Polizei und Familie sichtbar werden, zur Debatte.

Heute wird in Frankreich die Diskussion zur sozialräumlichen Segregation über das Begriffspaar *L'exclusion* (Exklusion) und *L'integration* (Integration)[25] geführt. *L'exclusion* wird einerseits im Sinne der systemtheoretischen Bedeutung, also als Ausschluss aus einem System oder einer Institution, und andererseits als Möglichkeit der Teilnahme an sozialen und staatsbürgerlichen Rechten aufgefasst. Es geht mit anderen Worten um die wirtschaftlichen und sozialen Folgen gesellschaftlichen Wandels und um die Fragestellung nach den Partizipationsmöglichkeiten der Exkludierten bzw. Integrierten, die sich in Frankreich nach dem Staatsbürgerschaftsrecht der französischen Republik richten. Andererseits bezieht sich *L'integration* auf den lebensweltlichen Aspekt der normativen Einbindung des Individuums in die französische Nation. Das Begriffspaar bezeichnet somit das gesamte Spektrum der Gesellschaft, d.h., sowohl ihre einzelnen Subsysteme, die Öffentlichkeit und auch die Lebenswelt der Menschen.

Drei verschiedene Ebenen der Analyse lassen sich in der heutigen Diskussion in Frankreich erkennen, bei denen es vor allem um die Einschätzung zu den Gründen der Exklusion geht:

1. *L'effritement de la société salariale* (das „Zerbröckeln der Arbeitnehmerschaft") ist kennzeichnend für die Exklusion. Für *Robert Castel* (1995) ist Exklusion eine „Grenzsituation", die aus einer Armutserfahrung sowohl wirtschaftlicher als auch sozialer Art herrühren kann. Mit anderen Worten: Wir haben es einerseits mit einer Exklusion aus der Welt der Arbeit und andererseits mit einem Bruch der Solidarität unter Gleichgesinnten zu tun. Diese Erfahrung ist allerdings nicht irreversibel. Exklusion ist als Prozess zu definieren, der bestimmte Etappen aufweist und genauso gut auch wieder in die andere Richtung führen kann. Eine ähnliche Perspektive nimmt *Serge Paugam* (1995) ein. Aufgrund des Wandels der Arbeitsgesellschaft, symbolisiert durch den Wegfall einfacher Arbeitsplätze und durch Rationalisierung, ist die Integration durch Arbeit nachhaltig gefährdet. Arbeitslosigkeit hat sich zu einem Massenphänomen entwickelt, die bestehenden Arbeitsverhältnisse werden prekär, die für die Zeit der Industrialisie-

---

25 Gelegentlich ist aber auch von *L'insertion* die Rede. Dann ist aber eher ein technischer oder strategischer Aspekt gemeint, z.B., wenn es um die (Wieder-)Eingliederung von Menschen geht, deren Inklusion bisher nicht erfolgreich verlaufen ist (Gefangene, Psychiatrieangehörige, aber auch Arbeitslose).

rung typische Gegnerschaft zwischen Arbeitgebern und Arbeitnehmern zerfällt und auch die Solidarität unter den Arbeitern nimmt ab. Obwohl die Betroffenen einerseits den Anforderungen der modernen Gesellschaft in Bezug auf Normen und Werte durchaus entsprechen, werden sie andererseits zu einem Opfer der wirtschaftlichen Entwicklung. Für die aus dem Mechanismus der Integration durch Arbeit herausfallenden Menschen bestehen die Gefahren der Vereinzelung und der Anomie: Sie fühlen sich als „sozial Disqualifizierte".

2. Mit dieser Perspektive zusammenhängend, den Schwerpunkt jedoch auf den Aspekt des Wandels sozialer Beziehungen legend, machen *François Dubet* und *Didier Lapeyronnie* (1992) für die zunehmende Exklusion eher das „Ende der Industriegesellschaft" verantwortlich. Vor allem der Wegfall des Klassenbewusstseins als Motor für Solidarität und Zusammenhalt gefährdet die Kontinuität sozialer Beziehungen. Die Exklusion erscheint vor allem ein Problem des Ortes zu sein. Der sozialräumliche Aspekt der Exklusion bzw. der Segregation wird hervorgehoben. Aufgrund des verlorenen Zusammenhalts entstehen Empörung und Unmut, die manche Jugendliche nur durch Gewaltausbrüche auszudrücken in der Lage sind. Gewalt wird zu einem Symptom für den Solidaritätsverlust. Die Frage der Exklusion hat sich somit von der Fabrik in die Stadt, genauer gesagt in die marginalisierten Quartiere, in die *Banlieues,* verlagert, aber auch in die Familien und die sozialen Beziehungsgeflechte der Menschen untereinander. Ein weiteres Problem kommt hinzu, indem die sozialen Differenzen kulturalisiert bzw. ethnisiert werden. Soziale Konflikte werden als ethnische gedeutet, so dass die räumliche Ausgrenzung zu einer ethnischen bzw. rassistisch motivierten wird. Die Autoren merken zudem an, dass die Konstatierung der Exklusion als ein Problem der Auflösung sozialer Beziehungen und der Ethnisierung anderer Lösungsansätze bedarf als rein staatlich-fürsorgliche Maßnahmen.

3. Eine dritte Perspektive, die vor allem von *Pierre Rosanvallon* (1995) vertreten wird, sieht vornehmlich die „Krise der Institutionen" als Grund für die Exklusion. Kritisiert wird, dass die sozialstaatlichen Methoden des französischen Integrationsmodells veraltet und unverhältnismäßig sind. Die fürsorgliche Art und Weise impliziert eine Abhängigkeitskultur und ist als paternalistisch zu interpretieren. Sie verhindert geradezu das Engagement der Exkludierten und erzielt dadurch nur kontraproduktive Effekte. Zudem stigmatisiere diese Art der Hilfestellung die Menschen, so dass sie eine *Identité négative* (negative Identität) entwickelten. *François Dubet* und *Danilo Martucelli* (1998) haben erkannt, dass nicht die Arbeitgeber(innen) oder andere wirtschaftliche Eliten als die Gegner(innen) der in den margi-

nalisierten Quartieren wohnenden Exkludierten empfunden werden, sondern die Vertreter(innen) der Institutionen, die eine soziale Kontrolle ausüben und die durch ihre normative Haltung bzw. ihre Definitionsmacht und ihr gesichertes Arbeitsverhältnis eine symbolische Dimension der Ausgrenzung repräsentieren[26].

Trotz unterschiedlicher Auslegungen des Begriffs der Exklusion ist für alle Autoren die *Banlieue* jedoch der Ort, an dem die Krisenphänomene heutiger Gesellschaften als erstes und auch am deutlichsten sichtbar werden. Die Stadt und heute insbesondere die marginalisierten Quartiere scheinen eine Art Seismograph für gesellschaftliche Entwicklungen zu sein. Vielleicht sind sie dies aber ja nicht nur im negativen Sinne, als Kumulation gesellschaftlicher Probleme, sondern auch im positiven Sinne, als ein Gebiet, an dem sich auch neue und innovative Kräfte sammeln. Dies wäre ganz im Sinne der Umkehrbarkeit des Prozesses der Exklusion (Castel 1995).

Die Diskussion zur Situation marginalisierter Quartiere in der BRD und in Frankreich vergleichend, muss man bedenken, dass die Situation in den französischen Vorstädten (noch[27]) wesentlich prekärer ist als in den deutschen marginalisierten Quartieren. Davon sind insbesondere die Jugendlichen in diesen Quartieren betroffen. Der Grund für das unterschiedliche Ausmaß der Probleme liegt weniger in der unzureichenden primären Inklusion in den Arbeitsmarkt, sondern vielmehr in der Art und Weise, wie stark die sozialen Sicherungssysteme, aber auch der soziale Wohnungsbau gesellschaftlich bedingte Krisen wie Armut, Arbeitslosigkeit und Wohnungsnot abfedern.

Bevor man aber über Gegenmaßnahmen nachdenkt, sollte man in den so genannten marginalisierten Quartieren genau schauen, wie die Menschen von Marginalisierung betroffen oder bedroht sind, wie sie mit ihrer Situation umgehen und vor allem: welche Maßnahmen sie ergreifen, um sich gegen diese Marginalisierung zu wehren.

Dann erst sollte man schauen, welche zusätzlichen Maßnahmen angegangen werden müssen, diese Marginalisierung zu stoppen bzw. aufzuheben. Als These steht dabei im Hintergrund, dass man den Quartierszusammenhang nur stärken

---

26  Dies wird auch als Grund dafür angeführt, dass sich die Gewalt in den Vorstädten vor allem gegen Repräsentanten der Institutionen richtet (vgl. Dubet/Lapeyronnie 1992).
27  Abzuwarten ist, wie die von der derzeitigen Bundesregierung in der BRD geplanten radikalen Einschränkungen bei den Lohnersatzleistungen (Arbeitslosengeld I und II) sich auf die Situation in solchen marginalisierten Quartieren auswirken wird. Vermutlich wird sich die Situation zwischen den Quartieren in Frankreich und der BRD peu à peu angleichen.

kann, indem man die politische, ökonomische und soziale Partizipation des Einzelnen verbessert.

Aus wissenschaftlicher Perspektive ist es deshalb wichtig, dass die soziologische Stadtforschung – will sie der vielfältigen Entwicklung der Städte gerecht werden – nicht nur die Probleme, sondern auch die Stärken der Städte und ihrer Bewohner(innen) aufzeigt. Auf der Seite der Probleme der Stadtentwicklung fehlt die Betrachtung der Stigmatisierung marginalisierter Quartiere, etwa durch medial aufbereitete wissenschaftliche Analysen oder durch politische Stellungnahmen oder Verlautbarungen, weil durch solche negativen „Bilder" bereits positiv verlaufende Veränderungsprozesse beeinträchtigt oder gar blockiert werden können. Auf der Seite der Stärken müßten die Möglichkeiten einer positiven Quartiersentwicklung und die Rolle der Ressourcen der Bewohner(innen) stärker hervorgehoben werden, weil dadurch ersichtlich wird, dass die negative Entwicklung durchaus veränderbar ist und man zweitens ablesen kann, welche Maßnahmen erforderlich sind, um die Situation in den Quartieren zu verbessern.

### 2.1.2 Zum theoretischen Verständnis der Marginalisierung städtischer Quartiere

Um die Integration der Menschen in urbanen Gesellschaften zu veranschaulichen, bedient sich die Soziologie theoretischer Modelle. Mithilfe dieser Modelle können gesellschaftliche Aktivitäten dargestellt werden, allerdings nur auf einer abstrakten Ebene. Um Kenntnisse über konkrete gesellschaftliche Abläufe zu erlangen, muss Feldforschung quantitativer oder qualitativer Art angewendet werden.

## Ein Modell der Integration der Individuen in urbanen Gesellschaften

Anhand des folgenden Modells, mit dem ich mich auf Jürgen Habermas' Modell der Verbindung von System und Lebenswelt[28] beziehe und das inzwischen – in etwas erweiterter Form – in der Stadtforschung auch etabliert ist (vgl. Göschel 2001, S. 5f.), können gesellschaftliche Prozesse in urbanen Gesellschaften veranschaulicht werden:

*Modell der Integration der Individuen in urbanen Gesellschaften in Anlehnung an Habermas*[29]

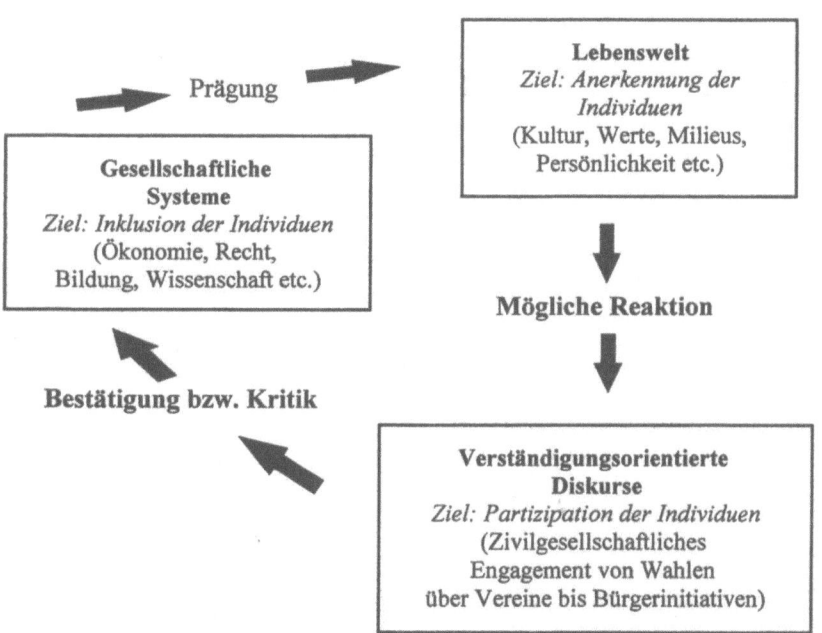

---

28  Vgl. hierzu Habermas 1988. Habermas hat den Bereich der verständigungsorientierten Diskurse der Lebenswelt zugerechnet. Aufgrund der besonderen Bedeutung dieses Bereichs für die Entwicklung der Städte ist er hier hervorgehoben.
29  Die Verbindung der drei Bereiche ist als ein Kreislauf zu verstehen. Die gesellschaftlichen Systeme prägen die Lebenswelt der Menschen. Wird diese Prägung von den Menschen als Problem empfunden, ist eine mögliche Reaktion die Bildung zivilgesellschaftlicher Assoziationen, in denen versucht wird, diese Probleme in die Öffentlichkeit zu tragen und im Rahmen deliberativer und partizipativer Verfahren Lösungen zu suchen. Die so entstehenden verständigungsorientierten Diskurse können dazu führen, dass die gesellschaftliche Prägung bestätigt oder kritisiert wird. Darüber wird sozialer Wandel erklärbar.

Die Integration der Menschen in urbanen Gesellschaften erfolgt durch gesellschaftliche Systeme (Systemintegration), innerhalb der Lebenswelt und mit Hilfe der verständigungsorientierten Diskurse (Sozialintegration). Ziel der Integration der Individuen durch gesellschaftliche Systeme ist deren Inklusion in den Bereichen der Ökonomie, des Rechts etc. Ziel der Integration der Individuen durch die Lebenswelt ist ihre Anerkennung in Bezug auf ihre Kultur, ihre Werte, ihre Milieus, ihre Lebensstile etc. Ziel der Integration der Individuen durch verständigungsorientierte Diskurse ist die Partizipation der Individuen im Bereich des zivilgesellschaftlichen Engagements.

Ein Modell der Marginalisierung städtischer Quartiere

Bezieht man das Modell auf das Phänomen der Marginalisierung städtischer Quartiere, so erhält man in etwa folgendes Modell:

*Modell der Marginalisierung städtischer Quartiere*

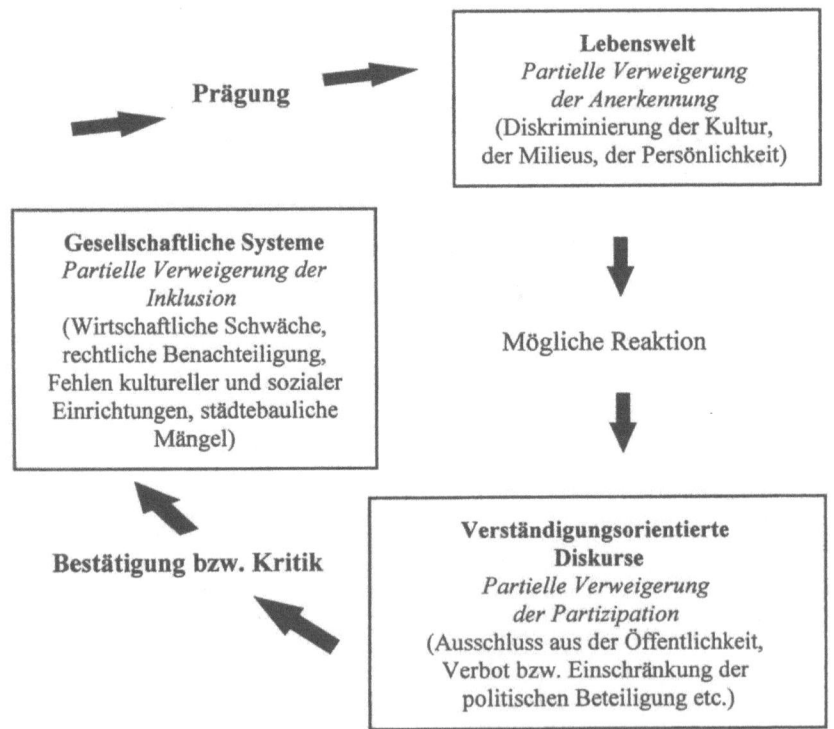

Um die Entstehung marginalisierter Quartiere als Folge des Einflusses der *gesellschaftlichen Systeme* zu verdeutlichen, muss man die *wirtschaftliche Schwäche, die rechtliche Benachteiligung*, das Fehlen *kultureller und sozialer Einrichtungen* und *städtebauliche Mängel* dieser Quartiere aufzeigen. Die *wirtschaftliche Schwäche* dieser Quartiere drückt sich in der Regel durch eine Kumulation ökonomischer Problemlagen aus, d.h. in diesen Vierteln wohnen überdurchschnittlich viele Sozialhilfeempfänger(innen), Arbeitslose, Bezieher(innen) von Wohngeld, Alleinerziehende und Alte. *Rechtlich* benachteiligt sind die Bewohner dieser Orte, da viele keinen deutschen Pass besitzen und auf wichtigen Ebenen von der politischen Partizipation ausgeschlossen sind. Auch *kulturelle und soziale Einrichtungen* sind kaum zu finden. Um ins Theater, ins Kino zu gehen oder an sonstigen kulturellen Angeboten zu partizipieren, muss man das Quartier verlassen. Es gibt z.B. nur wenige Kindergärten und Horte, zu wenig weiterführende und höhere Schulen, selten öffentliche Bibliotheken und weniger Ärzte als in anderen Quartieren. *Städtebauliche Mängel* sind z.B. die schlechte Wohnqualität, die dichte Bebauung, die schlechte bauliche Substanz vieler Wohnungen, die zu dunklen Hinterhöfe oder die zu wenigen Grünanlagen in unmittelbarer Umgebung.

Ist die systemische Inklusion der Individuen dermaßen lückenhaft, kann es zu sozialen Problemen kommen, die in der *Lebenswelt* sichtbar werden; ist dann zudem die Anerkennung der lebensweltlichen Bezüge (der Kultur, der Identität) in den Quartieren gefährdet oder gar nicht gegeben, kann es entweder verstärkt zu apathischen Zuständen, zu einem Rückzug ins Private oder auch zu Gewalt und Rassismus kommen.

Andere versuchen möglicherweise, sich mittels *verständigungsorientierter Diskurse* in der Öffentlichkeit Gehör zu verschaffen, indem die Bewohner eine Bürgerinitiative gründen oder auch an Stadtteilforen teilnehmen und dort ihren Unmut über die Lage preisgeben.

Ist das Medium Öffentlichkeit jedoch ebenfalls blockiert, gerät die Situation zumeist ganz außer Kontrolle, dann werden die Alternativen noch geringer, es kommt verstärkt zu Kriminalität oder Apathie.

Ein Modell der historischen Entwicklung marginalisierter Quartiere

Verbindet man das Modell der Marginalisierung städtischer Quartiere noch mit dem Aspekt der Entwicklung der Gesellschaft, kann man in etwa ein solches Modell zugrunde legen (vgl. hierzu auch Bukow 2002, S. 39):

*Modell der Marginalisierung städtischer Quartiere unter Berücksichtigung historischer Aspekte*

| Historische Entwicklung<br>Interventionsbereiche- und Effekte | *Vorindustrielle Gesellschaft: vertikale (traditionelle) Ungleichheit* | *Industrie- und Wohlfahrtsgesellschaft: horizontale (moderne) Ungleichheit* | *Postmoderne: plurale (aktuelle) Ungleichheit* |
|---|---|---|---|
| *Die Systeme Effekt: Verweigerung der Inklusion* | *Polarisierung zwischen Stadt und Land; Polarisierung zwischen Unter- und Oberstadt* | *Polarisierung bzw. Vernachlässigung städtischer Quartiere/ Beginn des Paternalismus* | *Ausdifferenzierte, pluralisierte und individualisierte Marginalisierung* |
| *Die Lebenswelt Effekt: Verweigerung der Anerkennung* | *differenzierter Umgang (Verfolgung bis Mystifizierung) mit fremden Lebenswelten* | *Diskriminierung und Beginn der Stigmatisierung fremder Lebenswelten* | *Diskriminierung/ Ethnisierung und Stigmatisierung trotz Pluralisierung* |
| *Die Diskurse Effekt: Verweigerung der Partizipation* | *keine politische Öffentlichkeit bzw. Partizipation im heutigen Sinne* | *bedingte, aber zensierte politische Öffentlichkeit* | *pluralisierte, ausdifferenzierte politische Öffentlichkeit mit beschränktem bzw. behindertem Einfluss* |

Erwähnen muss man bei diesem Modell jedoch, dass hier nicht eine stringente Entwicklung vorliegt, bei der das Frühere sozusagen gegen das Neue ausgetauscht wird. Vielmehr handelt es sich bei den Veränderungen um ergänzende Elemente, d.h., das Alte wird nicht abgeschafft, sondern es gesellt sich etwas Neues zum Alten hinzu. Wir haben es also z.B. auf systemischer Ebene immer noch auch mit Polarisierung, mit Vernachlässigung und Paternalismus zu tun, nur sind wir heute zusätzlich mit einer pluralisierten bzw. ausdifferenzierten und individualisierten Marginalisierung konfrontiert. Gleiches gilt sowohl für die Lebenswelt als auch für die verständigungsorientierten Diskurse. Auch hier hat inzwischen eine Pluralisierung der Lebensstile bzw. eine Ausdifferenzierung der politischen Öffentlichkeit stattgefunden. Allerdings finden wir nach wie vor ebenso Diskriminierungen fremder Lebenswelten bzw. eine Einschränkung des Einflusses der politischen Öffentlichkeit. Dies trifft insbesondere für die Situation in marginalisierten Quartieren zu.

### 2.1.3 Die Relevanz des Quartiers für das Zusammenleben der Menschen

Um Aussagen über die Art und das Ausmaß des Zusammenlebens der Menschen im Quartier machen zu können, muss auch die Bedeutung des Quartiers für die Bewohner(innen) verdeutlicht werden. Dabei muss beachtet werden, dass es keine einheitliche Relevanz des Quartiers für alle Bewohner(innen) gibt. Die Bedeutung hängt hauptsächlich von der Mobilität der Menschen ab, die im Quartier wohnen.

Damit ist der Dreh- und Angelpunkt einer Quartierszugehörigkeit schon angedeutet: er ist in der Regel das Wohnen. Der Aufenthalt in der Wohnung ist – je nach Alltagsgestaltung – mehr oder weniger zeitlich begrenzt. Er hängt vom Alter, vom Geschlecht, von der körperlichen Verfassung und von der (Berufs-) Tätigkeit der Quartiersbewohner(innen) ab. Alle anderen Tätigkeiten, die vielleicht auch noch im Quartier erledigt werden, wie z.B. einkaufen, Freunde besuchen, zur Schule oder in den Kindergarten gehen, können, müssen aber nicht im Quartier stattfinden. Aufgrund zunehmender Mobilität werden diese Tätigkeiten immer mehr aus dem Quartier ausgelagert, d.h., schon der Besuch des Kindergartens oder der Schule kann sich in den benachbarten Vorort, das Einkaufen auf die benachbarte Stadt und die Berufsausübung sogar auf das Nachbarland verlagern.

Das Quartier ist dann nur *eine* Schnittmenge des Alltags, ein Ort, an dem Menschen aus einem bestimmten Grund zu einer bestimmten Zeit zusammenkommen. In der Regel sind weder die Arbeitsstätte noch der Sportverein, der Wohnort der Freunde und Verwandten und erst recht nicht der Urlaubsort im Quartier angesiedelt. Sie sind infolgedessen weitere Schnittmengen des Alltags, also Orte, an denen Menschen aus einem bestimmten Anlass zu einer bestimmten Zeit zusammenkommen.

Die Bedeutung des Quartiers für die einzelnen Quartiersbewohner(innen) ist sehr unterschiedlich. Für einen Manager, der sich im Quartier vermutlich nur zum Schlafen aufhält, ist die Bedeutung des Quartiers eine deutlich andere als für eine Schülerin, die nahezu ihren kompletten Alltag im Quartier verbringt. Infolgedessen sind auch Veränderungen, denen das Quartier unterworfen wird, für die beiden Personen von unterschiedlichem Gewicht. Während der Bau einer Autobahn durch das Quartier z.B. für den Manager auch enorme Vorteile bringen kann (er ist dann schneller am Arbeitsplatz), hat er für die Schülerin fast nur Nachteile, vor allem, wenn die Autobahn ihren Wohnort von anderen Schnittmengen ihres Alltags (z.B. die Schule oder die Freunde) trennt, so dass sie gezwungen wird, sich andere Wege oder gar ein anderes Verkehrsmittel zu suchen, um an ihr Ziel zu gelangen. Genauso können städtebauliche Veränderungen den Alltag der Bewohner(innen) aber auch positiv verändern. Die Einrichtung einer Spielstraße, der Bau einer Kindertagesstätte, die Verbesserung des Angebots in einem Jugendzentrum oder die Renovierung eines Kinderspielplatzes verbessern die Lebensqualität im Stadtteil vor allem derjenigen Leute, die ihren Lebensmittelpunkt im Stadtteil haben.

Auch das Leben in Quartieren ist also immer mehr durch Mobilität und einer damit verbundenen Fragmentierung gekennzeichnet, die sich in einem zeitlich begrenzten, mehr oder weniger freiwillig gewählten Zusammenkommen ausdrückt. Diese Fragmentierung wird in der soziologischen Literatur häufig mit dem Gültigkeitsverlust traditioneller Bindungen in Verbindung gebracht. Traditionelle Werte, die bislang angeblich den Zusammenhalt gesichert haben, seien durch die Fragmentierung des Alltags bedroht, so dass die Menschen zu Orientierungslosigkeit und manchmal sogar zu Gewalt neigen.

Bei dieser Analyse wird der positive Aspekt der Fragmentierung jedoch übersehen. Denn als Folge der Fragmentierung sind auch neue soziale Bindungen, die allerdings meist nicht mehr nur im Quartier angesiedelt sind, entstanden. Hier handelt es sich um den Aufbau neuer sozialer Bindungen in fragmentierten Lebensfeldern, in denen ebenfalls ein sozialer Zusammenhalt aufgebaut wird. Soziale Integration des Einzelnen geschieht heute eben nicht mehr nur im Quartier, sondern in verschiedenen Lebensfeldern, im Beruf, in der Familie, in der Schule, im Kindergarten, im Freundeskreis, in sozialen Einrichtungen, in politischen Initiativen oder Parteien oder in Sportvereinen, die sich nicht unbedingt im eigenen Wohnquartier befinden[30].

Als Fazit der Relevanz des Quartiers für die Bewohner(innen) muss deshalb festgehalten werden, dass die Menschen, die ihren Lebensmittelpunkt vorrangig oder gar ausschließlich im Quartier haben, auf die vorzufindende Lebensqualität des Quartiers besonders angewiesen sind. Die Menschen mit geringer Mobilität

---

30 Jugendforscher(innen) sprechen angesichts der Fragmentierung des Alltag auch von zusammengebastelten „Patchwork-Identitäten" (vgl. Ferchhoff/Neubauer 1997, S. 115).

und relativ wenig fragmentiertem Alltag sind allerdings nicht unbedingt diejenigen, deren politische Macht und wirtschaftlicher Einfluss als hoch einzustufen sind. Deshalb sollte in einer Gesellschaft, die sich der pluralistischen Demokratie verpflichtet fühlt, auf die Berücksichtigung der Interessen solcher Menschen besonderer Wert gelegt werden.

### 2.1.4 Entstehung, Typen und Entwicklung marginalisierter Quartiere in der BRD und in Frankreich

Im Rahmen der Entwicklung der fordistischen zur postfordistischen Gesellschaft (vgl. z.B. Soja 1995, S. 148f., Touraine 1969) ist es zu einer verzögerten bzw. zu einer polarisierten Entwicklung gekommen[31]. (Semi-) periphere Länder, (semi-) periphere Regionen und (semi-) periphere Quartiere sind entstanden. Diese (semi-) peripheren Quartiere sind u.a. durch verminderte Ressourcenausstattung und durch vermehrte Zuwanderung gekennzeichnet. In diesen marginalisierten Quartieren stehen nur unzureichende Möglichkeiten zur Verfügung, um einen qualifizierten Anschluss an das metropolitane Wachstum zu halten und sich in den „entwickelten" Zentren erfolgreich zu platzieren. Auch die verschiedenen nationalen wohlfahrtsstaatlichen Modelle haben hier bislang keine grundlegende Veränderung bewirkt (vgl. Wacquant 2001, S. 479). Die Folge ist, dass die Probleme in marginalisierten Quartieren, von massiver Benachteiligung bis hin zu Konflikten, sozialen Protesten und gewalttätigen, oft ethnisch aufgeladenen Verteilungskämpfen, kumulieren.

Marginalisierte Quartiere sind in der Regel nicht erst seit kurzer Zeit in diesem Zustand. Betrachtet man ihre *Entstehung,* so fällt auf, dass der Zustand der Marginalisierung meist auf konjunkturbedingten Entwicklungen und politischen Entscheidungen basiert. Damit sind auch schon zwei Kriterien der Marginalisierung angedeutet. Allerdings handelt es sich bei marginalisierten Orten nicht „nur" um wirtschaftlich schwache und politisch vernachlässigte Quartiere, sondern teilweise auch um kulturell verödete und mit sozialen Problemen belastete Siedlungen oder Vororte. Konkret bedeutet dies: Die Wohnqualität ist schlecht, d.h. es gibt eine überdurchschnittlich hohe Bevölkerungsdichte, viele Wohnungen befinden sich in einem renovierungsbedürftigen Zustand, es gibt zu wenige Grünanlagen in unmittelbarer Umgebung, die Sauberkeit lässt zu wünschen übrig, die Hinterhöfe sind zu dunkel, die infrastrukturellen Einrichtungen

---

31 Diese These wurde schon im Rahmen der dependenztheoretisch begründeten Kritik an den Konzepten der Entwicklungspolitik und an den Aktivitäten entwicklungspolitischer Institutionen entwickelt (vgl. Altvater et.al. 1987, als Übersicht zur Entwicklungssoziologie vgl. z.B. Neubert 2001).

sind dünn gesät, d.h., es gibt z.B. nur wenige Kindergärten und Horte, zu wenig weiterführende und höhere Schulen, keine öffentlichen Bibliotheken und weniger Ärzte als in anderen Quartieren.

Von „dem" marginalisierten Quartier zu sprechen, verkennt jedoch die Vielfalt der Quartiere. Deshalb sollen im Anschluss an die Entstehung marginalisierter Quartiere die wichtigsten *Typen* unterschieden und vorgestellt werden. Dabei kann man grob zwischen mindestens fünf Typen differenzieren, auch wenn sich die Bewohnerschaft zwischen den einzelnen Quartieren – strukturell betrachtet – nicht sonderlich unterscheidet.

Auch die zukünftige *Entwicklung* marginalisierter Quartiere wird aller Voraussicht nach nicht einheitlich sein. In mancherlei Hinsicht gibt es durchaus Zeichen einer deutlichen Verbesserung. Diese findet man hauptsächlich in den Quartieren, die von sozio-ökonomischen Umbrüchen betroffen sind und insofern schon auf eine längerfristige Entwicklung zurückblicken können. Positive Stadtentwicklungs- und Modernisierungmaßnahmen haben zu einer deutlichen Aufwertung der Quartiere beigetragen. Hier gibt es auch eine wesentlich höhere Identifikationsbereitschaft der Bevölkerung mit ihrem Viertel. Auf der anderen Seite sind die Probleme in vielen Quartieren wohl auch nicht im Handstreich zu lösen. Vor allem in den neuen Bundesländern der BRD scheinen sich in einigen Quartieren soziale Probleme trotz der Maßnahmen der Wohnumfeldverbesserung zu potenzieren.

Von der Polarisierung zur Marginalisierung der semiperipheren Quartiere ist es nur ein kleiner Schritt. Werden bestimmte Quartiere in Bezug auf die ökonomische Inklusion vernachlässigt, wird deren Bevölkerung die politische Partizipation verweigert und werden deren kulturelle Lebensgewohnheiten nicht akzeptiert, wächst die Gefahr der Marginalisierung der Bevölkerung dieser Quartiere. Die Bewohner(inn)en werden dann von außen, z.B. durch die Medien, aber auch durch öffentliche Verlautbarungen von Politiker(inne)n und anderen Persönlichkeiten des öffentlichen Lebens, stigmatisiert. Die Angabe des Wohnorts bei der Job-Suche, in der Schule, bei der Polizei, auf dem Wohnungsmarkt etc. kann dann schon ein ausreichender Grund für die Diskriminierung der Quartiersbewohner(innen) sein. Dann kommt es in der Tat zu beruflicher oder sozialer Ablehnung, weil man eben in einem „dieser" Quartiere wohnt.

Wichtig ist es hervorzuheben, dass dem Prozess der Marginalisierung der Prozess der Polarisierung vorausgeht. Quartiere können erst in einen marginalisierten Zustand gelangen, wenn vorher eine Differenzierung bzw. eine Segregation stattgefunden hat. Zu unterscheiden ist dann zwischen einer Polarisierung zwischen Städten bzw. Regionen und einer Polarisierung zwischen Quartieren innerhalb der Städte.

## Zur Entstehung marginalisierter Quartiere in der BRD

Um die Entstehung marginalisierter Quartiere in der BRD nachzuzeichnen, muss man sich zunächst die Polarisierung zwischen bundesdeutschen Städten vergegenwärtigen. Polarisierung meint vor allem das Auseinander-Driften von Orten in Bezug auf die bereits genannten Kriterien der wirtschaftlichen Lage und der politischen Partizipation und schließlich in Bezug auf die kulturelle Infrastruktur und das Ausmaß der sozialen Probleme. Sie betrifft vor allem die bundesdeutschen Großstädte. Die Differenz in Bezug auf diese Kriterien ist gerade bei den Großstädten enorm. Spätestens seit den 70er Jahren beginnt eine Segregation zwischen den Städten, die in den 80er Jahren durch regionale Krisen und Umstrukturierungsprozesse noch verstärkt wird. Ab 1987 stagniert diese Ausdifferenzierung, auf hohem Niveau verläuft die Entwicklung dann parallel (vgl. Dangschat 1997, S. 89f).

Bis zur Vereinigung der beiden deutschen Staaten war die Differenz in Bezug auf die wirtschaftliche Stärke insbesondere zwischen den Ruhrgebietsstädten und den florierenden Städten im Süden der Republik besonders groß. In Frankfurt/Main war 1985 die Bauinvestition fast dreimal höher als in Oberhausen[32]. In Stuttgart und Frankfurt/Main war die Anzahl der sozialversicherungspflichtig Beschäftigten in etwa so hoch wie ihre Einwohnerzahl, in Dortmund, Duisburg und Bochum hingegen war die Einwohnerzahl doppelt so hoch wie die Anzahl der Beschäftigten. Eine vergleichbare Entwicklung war bei den Gewerbesteuereinnahmen zu erkennen. Während sie 1985 in München fast sieben, in Frankfurt/Main mehr als acht Mal so hoch war wie 1960, hatte sie sich in Duisburg, Bochum und Gelsenkirchen im selben Zeitraum gerade mal verdoppelt. In etwa dieselben Ungleichheitsverhältnisse entdeckt man zwischen diesen Städten in Bezug auf die Arbeitslosenquote und die Kaufkraft in den Jahren 1985 bzw. 1986.

Dieses Bild ändert sich erst langsam seit 1991, als die ersten Daten für die Städte in den neuen Bundesländern vorgelegt werden. Jetzt rangieren nicht mehr die Ruhrgebietsstädte am Ende der Skala, sondern die strukturschwachen Gebiete in den neuen Bundesländern. Zunächst war es die Arbeitslosenquote, die in diesen strukturschwachen Regionen am höchsten war, inzwischen ist es auch die Sozialhilfedichte, die dort besonders hoch ist[33].

---

32 Vgl. hierzu und im Folgenden Häußermann/Siebel 1987, S. 82 ff, die Tabellen 9, 12, 13, 15 und 16.

33 Der Umstand, dass diese Gebiete bis in die Mitte der 90er Jahre noch eine relativ geringe Sozialhilfedichte aufwiesen, hängt damit zusammen, dass die Menschen in den strukturschwachen Regionen der neuen Bundesländer zunächst auf Arbeitslosenhilfe und erst später auf Sozialhilfe angewiesen waren.

Eine weitere Polarisierung kann man zwischen Quartieren innerhalb der bundesdeutschen Städte beobachten. Auch die Polarisierung zwischen Quartieren ist insbesondere in den Großstädten sehr stark. Als prägnantes Beispiel soll hier nur die Stadt Hamburg genannt werden, in der – proportional betrachtet – gleichzeitig sowohl die meisten Millionäre als auch ein enorm hoher Prozentsatz an Sozialhilfeempfänger(inne)n wohnen. In Großstädten finden wir demnach innerhalb einer Stadt sowohl sehr reiche Quartiere als auch sehr arme Viertel.

Wirtschaftliche Schwäche, politische Vernachlässigung, ein Mangel an kulturellen Einrichtungen und eine Häufung sozialer Probleme sind die Kennzeichen solcher Viertel. Als Gründe für die Polarisierung innerhalb der Städte werden vor allem die Globalisierung der Arbeitsmärkte, der Wohnungsmangel, die Pflege des Wirtschaftsstandorts und die ethnisch bedingte Segregation erwähnt (vgl. Dangschat 1997, S. 88ff).

Mit der zunehmenden Globalisierung ist ein Wegfall einfacher Arbeitsplätze in der Bundesrepublik verbunden. Menschen, die nur eine geringe schulische und berufliche Qualifikation aufweisen können, gehören deshalb zu den sog. Globalisierungsverlierer(inne)n. Auch der Wohnungsmarkt ist in der BRD zu einem wichtigen Grund für Armut und soziale Ungleichheit avanciert. Falsche Bedarfsprognosen, eine Verknappungspolitik, die Bevorteilung der gewerblichen gegenüber der privaten Nutzung der Gebäude in bestimmten städtischen Lagen und ungünstige Rahmenbedingungen für den Bau von Wohnungen (hohe Zinsen, hohe Baukosten etc.) führt Dangschat (ebd., S. 95) als Gründe für das Dilemma auf dem deutschen Wohnungsmarkt und die damit verbundene Segregation der Quartiere an. Einen weiteren Grund für die Entstehung marginalisierter Viertel sieht er in der steigenden Konkurrenz der Städte um wirtschaftliche Güter bzw. Dienstleistungen. Insbesondere der Wettbewerb um moderne Industrien, Dienstleistungsbetriebe und zahlungskräftige Konsumenten veranlasst die Städte immer mehr dazu, ihre Investitionen an die Erfordernisse der lokalen Wirtschaft anzupassen. Dies verdeutlicht z.B. die Entwicklung der Innenstädte zu Büro- und Freizeitzentren mit horrenden Mieten, die nur noch von finanzstarken Anbieter(inne)n von Dienstleistungen bezahlt werden können. Wirtschaftsmanager(innen), Bänker(innen) und Kommunalpolitiker(innen) ziehen dabei in der Regel am selben Strang. Um im internationalen Wettbewerb mithalten zu können, werden deutliche Signale gefordert, wie z.B. die Höhe der

Mieten in erstklassigen Bürolagen, mit denen dann Werbung für den Standort betrieben wird[34].

Auch die hohe Konzentration der Nicht-Deutschen in solchen Quartieren wird als ein Grund der Polarisierung der Quartiere innerhalb der Städte genannt. Anfängliche, später aber wieder aufgehobene Zugangsbeschränkungen für Einwanderinnen und Einwanderer zu öffentlich geförderten Wohnungen und eine einseitige Belegungspolitik begünstigten eine Segregation und eine räumliche Konzentration der Nicht-Deutschen in wenig attraktiven Wohnvierteln, deren Folgen heute noch zu spüren sind.

Zur Entstehung marginalisierter Quartiere in Frankreich

Neben einer ausgeprägten Polarisierung der Regionen (vgl. z.B. die Differenzen in Bezug auf Einkommen bzw. Vermögen und Arbeitslosigkeit bzw. Armut zwischen Regionen wie dem *Großraum Paris* oder der *Courly* (*Communité urbaine de Lyon*) und den Regionen *Centre* oder *Nord-Pas-de-Calais*) gibt es auch innerhalb der einzelnen Regionen enorme Differenzen in Bezug auf die genannten Kriterien.

Die Polarisierung einzelner Quartiere ist insbesondere in den französischen Großstädten sehr stark. Als prägnantes Beispiel soll hier nur die Metropole Paris mit ihren zahlreichen Vorstädten genannt werden, in der sich sowohl der Reichtum als auch die Armut Frankreichs konzentrieren. Auch in anderen Großstädten findet man innerhalb der Stadtgrenzen bzw. der Agglomeration sowohl sehr reiche Quartiere als auch sehr arme Viertel.

Wirtschaftliche Schwäche, politische Vernachlässigung, ein Mangel an kulturellen Einrichtungen und eine Häufung sozialer Probleme sind auch in Frankreich die Kennzeichen solcher Viertel. Gründe für die Polarisierung der Quartiere innerhalb der Städte sind vor allem die Globalisierung der Arbeitsmärkte, der Wohnungsmangel und die mehr oder weniger erfolgreiche Absicherung der Quartiere als Wirtschaftsstandorte.

Die zunehmende Globalisierung der Arbeitsmärkte hat auch in Frankreich enorme Konsequenzen für das Verhältnis von Bildung, Arbeit und Wohnen.

---

34 Ein prägnantes Beispiel ist die Werbung um den Wirtschaftsstandort Köln mit dem neuen KölnTurm. So argumentiert der Wirtschaftsdezernent der Stadt Köln, Fruhner, dass die Höhe der Miete des KölnTurms ein wichtiges Signal für die Weiterentwicklung bestimmter Standorte ist: „Wir brauchen sie [die hohen Mieten, *d.Verf.*], um in drei bis vier Jahren im Rechtsrheinischen richtig landen zu können". Der Generalbevollmächtigte der Hypothekenbank Essen AG, Eigentümerin des KölnTurms, fügt hinzu: „Köln muss weg von den Billigmieten bei den Büroimmobilien". Ansonsten könne die Stadt im internationalen Wettbewerb nicht mithalten. (Zitate entnommen aus: Kölner Stadtanzeiger vom 30.05.2001).

Menschen, die nur eine geringe schulische und berufliche Qualifikation aufweisen können, gehören zu den sog. Globalisierungsverlierer(inne)n. Niedrige Schulabschlüsse sind nahezu entwertet; die sog. einfachen Arbeitsplätze sind aufgrund der Umstellung der Produktionsweise weggefallen. Wer früher mit einem einfachen Schulabschluss eine Ausbildung bei einer Bank, einer Versicherung, der Post oder der Bahn beginnen konnte, muss heute das *Baccalauréat* (Abitur) vorweisen können. Jugendliche ohne Schul- oder Ausbildungsabschluss wohnen aufgrund hoher Arbeitslosigkeit und Armut überproportional häufig in marginalisierten Quartieren. Dort geraten sie zudem schnell in den Sog, als Überflüssige stigmatisiert zu werden.

Der Wohnungsmarkt ist in Frankreich zu einem wichtigen Grund für Armut und soziale Ungleichheit avanciert. Ungenaue Bedarfsprognosen, fehlende Sozialwohnungen, die Bevorteilung der gewerblichen gegenüber der privaten Nutzung der Gebäude in bestimmten städtischen Lagen und die Reduzierung des Wohngelds sind weitere Gründe für die Polarisierung der Quartiere innerhalb der großen französischen Städte.

Beachten muss man bei der Entwicklung marginalisierter Quartiere in Frankreich jedoch, dass der Bau und auch die hohe Konzentration von Sozialwohnungen zunächst durchaus als ein Fortschritt interpretiert werden muss (vgl. Dubet/Lapeyronnie 1994, S. 195). Viele der neuen Einwohner(innen) verfügten seit dem Auszug aus den *Bidonvilles*[35] in den 60er und 70er Jahren in den sog. *Grands Ensembles* (Hochhaussiedlungen) erstmals über fließend heißes Wasser, über Elektrizität und ein Badezimmer. Für viele war der Umzug mit einem sozialen Aufstieg verbunden, weil sie in Wohnungen mit besseren sanitären Verhältnissen einziehen oder die Wohnungen sogar preiswert kaufen konnten und darüber ihren Status verbesserten. Erst später, Ende der 70er Jahre, verkamen die in den *Zones à Urbaniser en Priorité/ZUP* (Zonen mit besonderem Urbanisierungsbedarf) errichteten *Habitation à Loyer Modéré/HLM* (Sozialwohnungen) zu exkludierten Inseln. Aufgrund des Wandels der Industriegesellschaft nahmen Arbeitslosigkeit und Armut der Bewohner rapide zu. Die Sozialstruktur änderte sich und der Wohnraum in den *ZUP* erhielt eine deutliche Abwertung. Der Wandel der „roten Vorstädte" zu den „mehrfach benachteilig-

---

35 Die *Bidonvilles* entsprachen aus heutiger Sicht eher Notunterkünften, deren sanitäre Verhältnisse katastrophal waren (vgl. hierzu Bachmann/Leguennec 1995). Dass es solche Unterkünfte bis in die 60iger Jahre in Frankreich noch gab, hing mit der unzureichenden Wohnungspolitik der französischen Regierung in der Nachkriegszeit zusammen.

ten *Banlieues*" war somit eingeleitet (vgl. Touraine 1969; Dubet 1987, S. 171ff.; Dubet/Lapeyronnie 1994, S. 54ff.; Kühr 2001, S. 83f.)[36].

Zwar hat sich der Lebensstandard insgesamt verbessert, vor allem die Aspirationen in Bezug auf gewisse Güter und Standards sind gestiegen (was wiederum auch Konsequenzen hat für das Wahrnehmen der Lebensbedingungen), die Lebensbedingungen insgesamt haben sich jedoch verschlechtert. Das Zusammenleben in den Quartieren scheint nachhaltig gestört. Einen Zusammenhalt, wie den aus den Zeiten einer funktionierenden Arbeiterkultur, gibt es nicht mehr[37]. Während die Arbeiterviertel zur Zeit der Industrialisierung noch einen soliden Zusammenhalt über die Dichotomie eines klaren „Wir" und „Sie" herstellen konnten, dominiert heute eine individualistische Perspektive, in der das „Wir" verloren gegangen ist oder zumindest nicht mehr per se existiert. Trotz gesellschaftlicher Diskriminierung und trotz Ausbeutung und Stigmatisierung hatten die Bewohner(innen) der roten Vorstädte einen gemeinsamen (Klassen-)Feind, den sie auch als Projektion für die Organisation ihres eigenen Kollektivs nutzten. Arbeiter*bewusstsein* und Arbeiter*gemeinschaft* waren sozusagen die beiden Seiten einer Medaille. Mit dem Wandel der fordistischen zur postfordistischen Industrie- und Dienstleistungsgesellschaft ist die kollektive Identität der Arbeiter(innen) abhanden gekommen. An die Stelle der jahrelang erfolgten Identifikation mit der Arbeiterkultur sind staatliche Ersatzleistungen getreten, die von den Jugendlichen als Almosen interpretiert werden und eine kollektive Identitätsentwicklung nicht zulassen. Zudem wird die Identifikation der Eltern mit der Arbeit als Fabrikarbeiter(innen) als erniedrigend interpretiert. Die Jugendlichen fühlen sich von den gesellschaftlichen Institutionen nicht mehr repräsentiert. Sie orientieren sich grundsätzlich an anderen Werten und Normen als ihre Eltern. Nicht mehr der Zusammenhalt im Arbeiterquartier oder die Identifikation mit den bisher allseits anerkannten Bildungsgütern, sondern der Konsum gilt als Mittel der Konstruktion einer persönlichen Identität (vgl. Lapeyronnie 1998, S. 309f.). Inklusion vollzieht sich immer mehr auf symbolische Art und Weise, etwa durch Status- und Prestigedenken, die Haltung zu Konsum und den Kauf von Markenartikeln. Hier zeigt sich, dass Fragmentierung, Individualisierung und Pluralisierung auch in die roten Vorstädte

---

36 Zu dieser Entwicklung beigetragen hat paradoxerweise auch die Kürzung des Wohngeldes für besser betuchte Familien. Sie waren fortan nicht mehr bereit, die dortigen Mieten zu zahlen, so dass sie wegzogen. Übrig blieben dann die wirklich sozial Depravierten, so dass der Gettocharakter noch zugenommen hat.
37 So hat die *Confédération générale du travail/CGT* (Allgemeiner Arbeitsverband), die größte und der kommunistischen Partei nahestehende Gewerkschaft Frankreichs, seit 1969 etwa 1,5 Millionen Mitglieder verloren.

Einzug gehalten haben und die vorher anzutreffende kollektive Identität immer mehr in Frage stellen[38].

In Frankreich ist zweifellos auch die Diskontinuität der politischen Maßnahmen[39] ein Grund für das bisherige Scheitern des Experimentierens mit den *Banlieues*. Hier ist vor allem der Kompetenzkonflikt zwischen Staat und Kommunen anzuführen. Betrachtet man z.B., dass für den Bau der Sozialwohnungen früher ausschließlich der Staat verantwortlich war, die Kommunen also zunächst keinen Einfluss auf die zentralistisch organisierten Wohnungsbauprogramme hatten (vgl. Delarue 1991, S. 18), und dass gerade als die Krise deutlich wurde, sich der Staat durch die Verabschiedung des Dezentralisierungsgesetzes aus der Verantwortung zurückzog[40], dann wird schnell klar, dass hier ein Konflikt auf dem Rücken der Banlieuebewohner(innen) ausgetragen wurde.

Auch die Entwicklung des öffentlichen Transportwesens hat zur Marginalisierung der Quartiere beigetragen. Trotz der hohen Einwohnerzahl verfügt z.B. die Vorstadt *Vaulx-en-Velin* bis heute über keine direkte Anbindung an das Zentrum Lyons. Nur über eine Metrolinie, die jedoch an der Peripherie Lyons endet, und eine weitere Bus-Linie, die nur relativ selten verkehrt, ist das Zentrum erreichbar. Ähnlich ist die Situation in der Vorstadt *Vénnisieux*. Zwar gibt es eine direkte Metrolinie bis zum Bahnhof von *Vénnisieux*, um ins Zentrum der Agglomeration zu gelangen, muss man auch hier wieder einen Bus benutzen, der nach 21.00 bzw. 22.00 Uhr nicht mehr fährt. Auch zwischen *Rillieux-la-Pape* und dem Zentrum Lyons verkehrt lediglich ein Bus, der sogar noch seltener fährt als die vorher genannten in den beiden anderen Vierteln. Die Beispiele verdeutlichen, dass der Zugang der Bewohner(innen) marginalisierter Quartiere erschwert ist. Wieviorka (1999, S. 225) zitiert einen *Président d'un Syndicat* (Vereinsvorsitzender), der konzediert, dass die schlechten Verbindungen bewusst nicht verbessert werden. Es geht eben darum, die Bewohner(innen) marginalisierter Quartiere aus dem Zentrum Lyons fernzuhalten. Denn eine direkte und schnelle Verbindung zwischen der marginalisierten Peripherie und dem Zentrum würde den Aufenthalt der *Bandes* (Jugendbanden) im Zentrum Lyons deutlich erleichtern.

---

38 Der Zustand der Suche nach neuen Orientierungsmustern ist von François Dubet schon 1987 als *La galère* (Galeere) bezeichnet worden. Dubet übernimmt den Begriff der Galeere aus der Jugendsprache. Jugendliche benutzen den Ausdruck „c'est la galère" häufig, um ihre Situation zu beschreiben bzw. um zu sagen, dass etwas schwierig, hart etc. ist.
39 Auf die Entwicklung der politischen Maßnahmen werde ich noch ausführlicher eingehen.
40 Mit dem 1983 verabschiedeten Dezentralisierungsgesetz wurde die Initiative fortan in die Hände der Departements gelegt.

In Bezug auf ihre Werte und Normen gelten die Bewohner(innen) der *Banlieues* allerdings eher als assimiliert[41]. Nicht die soziale oder kulturelle Partizipation stehen im Vordergrund ihrer Orientierung, sondern die ökonomische. Jedoch können sich gerade die Bewohner(innen) der *Banlieues* dieses Status- und Prestigedenken bzw. diesen Konsum nicht leisten (vgl. auch Loch 1999, S. 120). Worms (2001, S. 371) bringt dieses Dilemma prägnant auf den Punkt: „Im Kopf teilen sie völlig unrealistisch die Werte, Sichtweisen und Erwartungen der französischen Mittelklasse, mit den Füßen stehen sie jedoch im 'Sumpf' der wirtschaftlichen Marginalisierung und des gesellschaftlichen Exils". Aufgrund ihrer Orientierung und ihrer „gebundenen Hände" kann man auch von einem Mittelschichtdenken sprechen, dass sich jedoch in der untersten Schicht positioniert. *Agnès Villechaise-Dupont* (2000) spricht in diesem Zusammenhang auch von *Catégories moyennes paupérisées* (verarmten Mittelschichten). Deutlich wird hier vor allem die Tragik bzw. das tatsächliche Dilemma, in dem sich die Bewohner(innen) der französischen Vorstädte befinden (vgl. Kühr 2001).

Bei den Bewohner(inne)n mit Migrationshintergrund, die den größten Teil der Bevölkerung ausmachen, kommt erschwerend noch hinzu, dass sie zunehmend Opfer fremdenfeindlicher oder rassistischer Ausschreitungen werden. Hiervon sind in einem besonderen Maße noch einmal die Jugendlichen betroffen[42]. Rassistische Übergriffe wie die in den 80er Jahren beginnenden Fahndungen und Erschießungen von Jugendlichen mit Migrationshintergrund durch die Polizei sind noch relativ neu. Zwar erfuhren auch ihre Eltern schon früher die alltäglichen Diskriminierungen (der Gang zum Ausländeramt etc.), dennoch waren sie eingebunden in die Arbeiterkultur der Vorstädte. Sie konnten sich als Mitglied der Vorstadt, als Beschäftigte eines Betriebs empfinden und darüber eine ausreichende Form der Identifikation und Inklusion erzielen. Bei den Kindern dieser ersten Generation ist dies völlig anders. Die Zunahme der Anhänger(innen) rechtsextremer Parteien und rassistischen Gedankenguts führte dazu, dass insbesondere Jugendliche mit Migrationshintergrund immer stärker mit Ressentiments und offenen rassistischen Anfeindungen konfrontiert wurden. Selbst Vertreter(innen) staatlicher Behörden, die gemäß des republikanischen Prinzips die ethnische Zugehörigkeit als eine private Angelegenheit auffassen sollten, verletzen dieses Prinzip in zunehmenden Maße fundamental. Fremden-

---

41 Didier Lapeyronnie (2001, S. 84f.) spricht sogar von einer Überintegration der Unterschichten in Bezug auf das Konsumbedürfnis.
42 Andererseits gibt es aber auch Berichte, dass Schüler in der Klasse erst akzeptiert wurden, nachdem sich herausstellte, dass der Vater Spanier sei. Deshalb muss man differenzieren. In den östlichen Departments haben es z.B. schwarze Asylbewerber wesentlich schwerer als in den westlichen.

feindliche Übergriffe der Polizei sind in den marginalisierten Vorstädten inzwischen an der Tagesordnung.

Die Situation der Bewohner(innen) der *Banlieues* muss aber auch als ein Produkt einer unzureichenden Leistung der Sozialisationsinstanzen betrachtet werden. Vor allem die Bildung kommt in diesen Quartieren viel zu kurz. Das Bildungsniveau der Schüler(innen) der marginalisierten Quartiere ist deutlich niedriger als das der Schüler(innen) der Stadt allgemein. In Lyon erreichen z.B. lediglich 40% der Schüler dieser Viertel das Niveau des *Baccalauréat* (Abitur), hingegen sind es 80% aus der Region des „reichen" Westens von Lyon und immer noch 70% der Schüler der ganzen Stadt. Noch deutlicher sind die Zahlen in *Vénissieux*. Dort erreichen nur 22% das *Baccalauréat*, 30 % der Jugendlichen erhalten sogar kein *Certificat d' études* (Schulabschluss) (vgl. hierzu Wieviorka 1999, S. 225).

Die Ursachen der Marginalisierung lediglich auf die mangelhaften strukturellen Bedingungen zu reduzieren, verkennt jedoch, dass auch die Medien und die Politik für die Situation der Jugendlichen verantwortlich sind. *Wieviorka* (1999, S. 226) spricht in Bezug auf einige dieser Viertel auch davon, dass sie „in dem negativen Bild, an deren Konstruktion die Medien sich maßgeblich beteiligt haben, eingesperrt sind"[43]. In diesem Bild werden die Fehler einer *Cité-dortoir* (Schlafstadt) und einer verteufelten *Banlieue maudite* (Vorstadt) miteinander verknüpft. Die Medien forcieren die dortigen Konflikte, indem die Eigenschaften der Quartiere skandalisiert und die Konflikte auf religiöse und ethnische reduziert werden. Sie sind insofern maßgeblich an dem Prozess der Stigmatisierung dieser Viertel beteiligt, aus der sich schnell ein Teufelskreis bilden kann, aus dem es für die Bewohner(innen) nahezu keinen Ausweg mehr gibt.

Bedacht werden muss auch, dass diese Viertel nicht alle zu den vernachlässigten oder gar ärmsten der Republik zählen. Viele der marginalisierten Quartiere werden mit öffentlichen Geldern unterstützt. Inzwischen sind sie zu Adressaten einer *Politque de la ville* (Stadtpolitik) geworden, die gezielt diese Quartiere durch Stadtsanierung, Mediatoren, Vereine und Berater(innen) fördert. In diesem Zusammenhang ist auch die wirtschaftliche Förderung der sog. *Zones Franches*, in denen es Steuersenkungen für Industriebetriebe gibt, die sich in dem entsprechenden Stadtviertel oder in der Stadt ansiedeln, zu nennen. Doch trotz der inzwischen fast zwanzigjährigen Förderung scheint sich die Situation nicht maßgeblich zu verbessern. Zwar sind in einigen Quartieren die Bewohner(innen) in neue Häuser verlegt und die verheerenden *Grandes ensembles*

---

43 Im Original: „Ces deux villes *(Vaulx-en-Velin* und *Vénnissieux*) sont prisionnièrs de l'image négative que les médias ont largement contribué à construire (...)".

gesprengt worden; dennoch hat sich die Situation nicht grundlegend geändert. Dies hängt damit zusammen, dass sich der Unmut inzwischen stärker gegen die Institutionen und deren Vertreter(innen) gewendet hat (vgl. hierzu Lapeyronnie 1998, S. 300f.). Es sind nunmehr die Polizist(inn)en, Lehrer(innen), Sozialarbeiter(innen) und Busfahrer(innen), gegen die sich die Gewalt der Jugendlichen entlädt. Sogar die inzwischen von vielen Vereinen angestellten Mediator(inn)en, die die Aufgabe haben, zwischen den Institutionen und den Jugendlichen zu vermitteln, werden nur als Vertreter(innen) staatlicher Normierung und Kontrolle gesehen, die „sichere Jobs"[44] haben und die staatliche Disziplinarmacht repräsentieren. Trotz der Arbeit der Mediatoren hat sich das Verhältnis zwischen Jugendlichen und der Polizei immer weiter verschlechtert. Inzwischen wird es als nachhaltig gestört interpretiert. Während die Jugendlichen in der Polizei nur noch einen Statthalter staatlicher Interessen sehen, betrachten die Polizist(inn)en die Jugendlichen grundsätzlich als „Ausländer(innen)" und potenzielle Verbrecher(innen) (vgl. hierzu ausführlicher Tietze 2001).

Von der hier ausführlicher präsentierten Polarisierung zur Marginalisierung bestimmter Quartiere ist es – wie angedeutet – nur ein kleiner Schritt. Wird das Stadtbild in Bezug auf die genannten Kriterien der ökonomischen und politischen Partizipation, der kulturellen und sozialen Versorgung sehr heterogen, bleibt eine Marginalisierung bestimmter Quartiere nicht aus. Die Bewohner(innen) werden dann derart stigmatisiert, dass allein schon der Wohnort der Bewohner(innen) einen ausreichenden Grund für ihre Diskriminierung hergibt. Dann kommt es in der Tat zu beruflicher oder sozialer Ablehnung, weil man eben in einem „dieser" Quartiere wohnt. Schon in der Schule oder sogar im Kindergarten entscheiden Wohnorte mit über das Ansehen der Kinder. Die Karrieren vieler Bewohner(innen) dieser Quartiere verlaufen deshalb meist in sehr engen Bahnen.

Typen marginalisierter Quartiere in der BRD

Es gibt mindestens fünf verschiedene Arten marginalisierter Quartiere in Städten der BRD.
Der *erste Typ* ist durch Viertel in Vororten gekennzeichnet, die von großen Umstrukturierungsprozessen betroffen sind. Sie sind einerseits durch einen Abzug oder Abbruch traditioneller Industriezweige, andererseits durch eine Zunahme des tertiären Sektors gekennzeichnet. Das Prägnante dieser neuen

---

44 Diese *Emplois jeunes* (Jobs für Jugendliche) sind in der Regel auf fünf Jahre befristet und werden schlecht bezahlt.

Technopole wurde früher durch Schlote und heute eher durch sog. „malls" verdeutlicht, die aus zahlreichen Freizeit- und Konsumeinrichtungen bestehen. Dazu gehören z.B. Quartiere in Duisburg-Rheinhausen, Köln-Kalk oder Essen-Katernberg, in denen alteingesessene Industriezweige entweder vom Abbau oder von Schließung betroffen sind. Aus städtischer Sicht sind dort teilweise High-Tech-Orte geplant, umgeben von kulturellen Attraktionen, großzügigen Freiflächen oder Parkanlagen und relativ kostspieligem Wohnraum. Die Zukunft dieser Umstrukturierungsprozesse ist jedoch häufig noch offen, d.h. es sind noch keine oder noch nicht genügend neue Investoren gefunden worden, die das wirtschaftliche Leben an diesen Orten wieder ankurbeln. Es gibt meist viele brachliegende und untergenutzte Flächen. Relativ wohlhabende, alteingesessene Bewohner(innen) haben das Viertel inzwischen verlassen, neue Bevölkerungsgruppen – meist Migrant(inn)en – sind aufgrund preisgünstigen Wohnraums hinzugezogen[45].

Als *zweiten Typ* kann man Quartiere bezeichnen, die in der BRD in den 80er Jahren schon von so genannten Gentrifizierungsprozessen betroffen waren und deren Erscheinungsbild sich grundlegend gewandelt hat[46]. Beispiele für solche Quartiere sind die Südstadt in Köln, Hamburg-Altona oder Berlin-Kreuzberg. In diese Quartiere zogen zunächst Student(inn)en und Menschen, die sich dem sog. alternativen Spektrum zugehörig fühlen. Dann öffneten neue Kneipen, Wohnungen und Häuser wurden saniert, Straßen wurden verkehrsberuhigt, manchmal wurde die Anbindung an die Innenstadt durch den U-Bahn-Bau verbessert. Die Folge war, dass die Mieten stiegen, die alteingesessene Bevölkerung zu einem großen Teil aus diesen Quartieren hinausgedrängt wurde und vor allem besserverdienende Singles hinzukamen, so dass der alte Quartierscharakter nicht mehr zu erkennen ist[47]. In den alten Bundesländern sind solche Gentrifizierungsprozesse meist schon abgeschlossen, der Markt scheint inzwischen für solche Prozesse auch gesättigt zu sein. Dies gilt allerdings nicht für die neuen Bundesländer. Hier sind diese Prozesse noch im Gange oder sie nähern sich dem Ende wie z.B. am Prenzlauer Berg im Osten Berlins. Auch hier

---

45 Hier stellt sich zweifellos die Frage, ob die neuen Bewohner(innen) sich die Wohnlage weiterhin leisten können, wenn die städtische Planung realisiert wird. Häufig setzen dann auch wieder neue Gentrifikationsprozesse ein.
46 Im Grunde genommen handelt es sich hier eher um ehemalige marginalisierte Quartiere. Man muss diesen Typ aber berücksichtigen, um zu zeigen, dass der Zustand der Marginalisierung nicht notwendigerweise ewig währen muss.
47 Gesamtgesellschaftlich betrachtet sind diese Prozesse zweifellos als eine Folge des sog. „Fahrstuhleffekts" (vgl. Beck 1986, S. 124) zu interpretieren, der wiederum stark von konjunkturellen Entwicklungen beeinflusst wird.

ist der ehemalige Charakter eines marginalisierten Quartiers kaum noch zu erkennen[48].

Als *dritten Typ* kann man Quartiere anführen, die im Zuge der rapiden Bevölkerungszunahme der Großstädte in den alten Bundesländern als Maßnahme der Wohnraumbeschaffung außerhalb der Großstädte und innerhalb der sog. Trabantenstädte entstanden sind. In fast allen großen bundesdeutschen Städten sind solche Trabantenstädte während der 60er und 70er Jahre auf der grünen Wiese errichtet worden. Beispiele für diesen Quartierstyp lassen sich viele finden: Bremen Neue Vahr, Neu Perlach in München, die Gropiusstadt in Berlin oder Nürnberg-Langwasser. So wohnen in der größten Trabantenstadt der BRD, in Neu Perlach bei München, allein 60.000 Einwohner(innen). Die Bevölkerungsdichte ist dort immens hoch, in Köln-Chorweiler wohnen mehr als 25.000 Menschen, etwa 70 Einwohner(innen) pro Hektar[49]. Bis Ende der 80er Jahre waren die Wohnungen äußerlich verwahrlost, es gab lange Zeit nur wenige Grünanlagen, kaum kulturelle und soziale Einrichtungen und nur wenige und ausschließlich zentrale Einkaufsmöglichkeiten. Hier gibt es fast nur Sozialwohnungen, die Entfernungen zur Arbeit und in die City sind in der Regel weit, jedoch meist gut an das öffentliche Verkehrsnetz angebunden. Die Entwicklung dieser sog. Trabantenstädte ist schillernd, d.h. es gab Phasen, in denen das Wohnen dort als sozialer Abstieg gewertet wurde, und solche, in denen der Wunsch, dort zu wohnen, bei vielen Bewohner(inne)n durchaus vorhanden war. Maßgeblich begünstigt wurde dieser Trend durch umfangreiche Sanierungsarbeiten, die in den 90er Jahren in diesen Trabantenstädten vollzogen wurden. Sie verbesserten das Gesamtbild dieser Vororte deutlich. Die Häuser wurden gestrichen, Balkone installiert, Hinterhöfe erhellt, neue Freizeit- und Kultureinrichtungen geschaffen, die das Leben in diesen Quartieren deutlich attraktiver machten.

Als *vierten Typ* kann man marginalisierte Quartiere bezeichnen, die sich am Rande eher bürgerlicher Vororte befinden. Sie unterscheiden sich von den eben beschriebenen Trabantenstädten durch die Größe und teilweise auch fehlende oder nur marginal vorhandene eigene Infrastruktur (soziale und kulturelle Einrichtungen), die sie stattdessen von den angrenzenden bürgerlichen Vororten nutzen. Hier sind ebenfalls in den 60er und 70er Jahren im Zuge der Wohnraumbeschaffung am Rande bestehender Vororte oder Dörfer, die im Zuge der Gebietsreform eingemeindet wurden, Wohnblocks entstanden, die

---

48 Auch in der ehemaligen DDR gab es – entgegen dem Anspruch – marginalisierte Quartiere. Die Differenz zu den übrigen Quartieren war jedoch wesentlich geringer.
49 Im Vergleich dazu wohnen in dem eher ländlichen Stadtteil Köln-Fühlingen gerade 4 Menschen pro Hektar.

denen des zweiten Typs sehr ähneln. Ein Beispiel für diesen Quartierstyp ist das Quartier Kölnberg, das sich in dem eher abgelegenen, recht spät eingemeindeten Vorort von Köln-Meschenich befindet. Bezeichnet werden solche Quartiere auch als „soziale Brennpunkte"[50], die im Zuge der anonymen Neubauten entstanden sind. Einziges Ziel war damals, möglichst viele Menschen mit preisgünstigem Wohnraum zu versorgen. Hier sind fast 90 Prozent der Bewohner(innen) auf Sozial- oder Arbeitslosenhilfe angewiesen[51]. Der Anteil an Migrant(inn)en beträgt deutlich über 50%. Manche Familien fristen dort bereits in der zweiten oder dritten Generation ein Dasein als Sozialhilfeempfänger(innen).

Als *fünften Typ* kann man die Quartiere anführen, die in den neuen Bundesländern in vielen Städten (nicht nur in Großstädten) vorzufinden sind, die denjenigen der Trabantenstädte der alten BRD ähneln, deren Architektur – wie oben beschrieben – jedoch problematischer ist und die mit infrastrukturellen Einrichtungen immer noch schlechter ausgestattet sind. Beispiele für diesen Quartierstyp gibt es in der ehemaligen DDR sehr viele: Berlin-Friedrichshain, Dresden-Johannstadt, Schwerin-Weststadt oder Potsdam Stern-Drewitz. In jeder größeren Stadt, aber auch am Rande von Klein- und Mittelstädten, gab und gibt es solche „Plattenbausiedlungen". Sie galten lange Zeit als Symbol für den Erfolg des „Sozialismus'". Diese Art der Ansiedlung von Wohnraum ist eher mit der Architektur und der Infrastruktur der französischen Vorstädte vergleichbar als mit den Quartieren in den Trabantenstädten der alten Bundesrepublik. Zwar sind viele dieser Wohnblocks inzwischen abgerissen oder saniert. Allerdings hat man hier im Zuge der Vereinigung zahlreiche soziale Einrichtungen wie Kindergärten oder Jugendzentren geschlossen, so dass die infrastrukturelle Versorgung der Bevölkerung partiell gefährdet ist.

---

50 Der Begriff des „sozialen Brennpunkts" wird eigentlich nicht mehr verwandt, da er das Problem einerseits als „Brennpunkt" überzeichnet, andererseits den Kontext außer Acht lässt.
51 Vgl. hierzu Kölner Stadtanzeiger vom 10.11.1999.

## Typen marginalisierter Quartiere in Frankreich

Auch in Frankreich gibt es – vergleichbar mit anderen westeuropäischen Staaten[52] – verschiedene Typen marginalisierter Quartiere in Städten. Sie unterscheiden sich hinsichtlich des Wohnens, der Zusammensetzung der Bevölkerung und des Ausmaßes der Arbeitslosigkeit bzw. der Armut[53].

Als *ersten Typ* kann man solche Quartiere bezeichnen, die in Frankreich schon relativ früh von einem Gentrifikationsprozess betroffen waren. Er ist heute in der Regel schon abgeschlossen[54]. Beispiele für solche Quartiere sind *Les Halles* und das *13te arrondissement* in Paris, *St. Pierre* in Bordeaux, *La Plaine* in Marseille, *Le Vieux Lyon*, *La Croix Rousse* in Lyon, *Arnaud Bernard* in Toulouse oder *Antigone* in Montpellier[55]. Sie befinden sich meist nahe bei oder sogar in den jeweiligen Innenstädten. Häufig waren es marginalisierte Viertel nahe des Hauptbahnhofs, die heute eine ganz andere Atmosphäre aufweisen. In diese Quartiere zogen meist zunächst Student(inn)en und Menschen, die dem dort vorgefundenen Flair offen gegenüber standen. Dann öffneten neue Restaurants und Cafés, Wohnungen und Häuser wurden saniert, es wurde eine Fußgängerzone geöffnet oder eine vorhandene erweitert, manchmal wurde die Anbindung an die Innenstadt durch den Bau einer Metrolinie oder – wie in Straßburg – einer oberirdischen Straßenbahn verbessert. Die Folge war, dass die Mieten stiegen, die alteingesessene Bevölkerung zu einem großen Teil aus diesen Quartieren hinausgedrängt wurde und vor allem besserverdienende Singles hinzukamen, so dass der alte Quartierscharakter manchmal kaum noch zu erkennen ist. Teilweise entstanden richtige „Szeneviertel". Arbeitslosigkeit und Armut sind hier relativ gering.

Der *zweite Typ* ist durch innenstadtnahe Viertel gekennzeichnet, die zwar von Gentrifikationsprozessen betroffen, allerdings von anderen als den üblichen Akteuren verursacht sind. Hier sind die Pioniere nicht die Student(inn)en, sondern die Bevölkerung mit Migrationshintergrund. Alteingesessene Bewohner(innen) haben das Viertel verlassen, neue Bevölkerungsgruppen – meist Migrant(inn)en – sind zunächst aufgrund preisgünstigen Wohnraums, später

---

52 Vgl. z.B. für die BRD Ottersbach 2001d, S. 108f.
53 Die folgende Typologie umfasst zweifellos auch Grenzfälle, die in mehrere Kategorien passen.
54 Im Grunde genommen handelt es sich hier ebenfalls um ehemalige marginalisierte Quartiere. Man muss diesen Typ aber berücksichtigen, um zu zeigen, dass der Zustand der Marginalisierung nicht notwendigerweise ewig währen muss.
55 Das Quartier *Antigone* ist jedoch im Grunde ein Sonderfall, weil es ein völlig neues Quartier ist. Insofern konnte es hier auch keine Pioniere geben, wie dies bei den üblichen Gentrifikationsprozessen der Fall ist.

auch aufgrund des relativ hohen Anteils der eigenen Ethnie hinzugezogen. Der Anteil der Bevölkerung mit Migrationshintergrund ist hier überdurchschnittlich hoch. Es gibt zahlreiche kleine Geschäfte, die meist von Menschen mit Migrationshintergrund betrieben werden[56]. Ein reger Kommerz bestimmt das Geschehen. Dieser Typ ist in französischen Großstädten sehr verbreitet. In Paris sind dies z.B. Quartiere wie *Barbès, Belleville, Triangle de Choisy* oder *Porte Saint Ouen*, in Marseille sind es *La Porte d'Aix* und *Le Panier*, in Bordeaux *St Michel, Ste Croix* und die noch innenstadtnahe *cité Les Aubiers* sowie *La Bastide* auf dem linken Garonne-Ufer, in denen es keine oder nur wenig Industrie, aber immer einen regen Handel gegeben hat. Aus städtischer Sicht sind dort teilweise neue, großangelegte infrastrukturelle Einrichtungen geplant, umgeben von kulturellen Attraktionen, großzügigen Freiflächen oder Parkanlagen und relativ kostspieligem Wohnraum. Die Zukunft dieser Umstrukturierungsprozesse ist jedoch in der Regel noch völlig offen, d.h., es sind noch keine oder noch nicht genügend neue Investoren gefunden worden, die diesen Prozess in Gang setzen sollen. Arbeitslosigkeit und Armut sind in diesen Vierteln meist etwas höher als der Durchschnitt der Stadt oder der Agglomeration.

Als *dritten Typ* kann man Quartiere anführen, die im Zuge der rapiden Bevölkerungszunahme der Großstädte in Frankreich als Maßnahme der Wohnraumbeschaffung außerhalb oder am Rande der Großstädte entstanden sind. Damit sind die sog. *Banlieues*, bestehend aus den sog. *Grands Ensembles*, gemeint, die während der 60er und 70er Jahre in fast allen großen französischen Städten entweder innerhalb der Stadtgrenzen oder auf der grünen Wiese errichtet wurden[57]. In Paris sind dies *Grigny* im Westen der Peripherie, *Aubervilliers, La Courneuve, Cité des Quatre-Mille, Sarcelles, Epinay, Montreuil, Saint-Denis, Aulnay-sous-Bois* etc. im Pariser Norden, in Lyon z.B. die drei bereits genannten *Banlieues Vénnissieux, Vaulx-en-Velin* und *Rillieux-la-Pape*, in Marseille *Les quartiers Nord*, in Toulouse ebenfalls im Norden der Stadt *Le Mirail, Jolimont, Empalot* und *Bagatelle*, in Bordeaux die Vorstädte *Lormont, Cenon* und im Besonderen die *Cité des Hauts de Garonne* sowie die *Cité Saige* der Vorstadt Pessac, in Lille *Lille Sud* und hier im Besonderen die ehemaligen Bidonvillequartiere *Asnières* und *Biscottes* oder in Grenoble *Mistral*. Selbst in eher bürgerlichen Städten wie Straßburg gibt es seit einiger Zeit solche *Banlieu-*

---

56 Manche sprechen diesbezüglich von „ethnischen Ökonomien", weil die Produktpalette, die Kundschaft, das Personal und die Vernetzung mit anderen Betrieben nach ethnischen Kriterien geschehe. In der Regel sind allerdings weder die Produkte noch die Kundschaft rein ethnisch ausgerichtet (vgl. zur Situation „ethnischer Ökonomien" in der BRD Ottersbach 2001b).
57 Von den marginalisierten Vierteln innerhalb der Stadt spricht man auch von *Les Quartiers* und meint damit die „schlechten", d.h. die benachteiligten Quartiere.

*es*, wie z.B. Neuhof oder auch Cronenbourg. Die Bauweise ist dicht und von schlechter Qualität. Bis Ende der 80er Jahre waren die Wohnungen in einem miserablen Zustand, es gab lange Zeit fast keine Grünanlagen, nur wenige kulturelle und soziale Einrichtungen und nur einige und ausschließlich zentrale Einkaufsmöglichkeiten. Hier gibt es immer noch fast nur Sozialwohnungen, die Entfernungen zur Arbeit und in die City sind in der Regel weit und häufig sind die Quartiere nicht gut an das öffentliche Verkehrsnetz angebunden. Die Entwicklung dieser sog. *Grands Ensembles* ist sehr eingleisig, d.h., das Wohnen dort wird meist als sozialer Abstieg gewertet. Zwar wurden hier Sanierungsarbeiten durchgeführt, sie verbesserten das Gesamtbild dieser Vororte jedoch kaum. Teilweise sind diese *Grands Ensembles* schon wieder abgerissen worden, weil sie als Brutstätten für Gewalt eingeschätzt werden. Bewohner(innen), die es sich irgendwie leisten können, ziehen fort. Dies erhöht dann den Druck auf die Bevölkerung, die gezwungen ist zu bleiben. Arbeitslosigkeit und Armut sind in diesen Quartieren deutlich höher als in der gesamten Stadt oder der Agglomeration. Auch der Anteil Jugendlicher und der Anteil der Bevölkerung mit Migrationshintergrund sind überproportional hoch.

Als *vierten Typ* kann man marginalisierte Quartiere bezeichnen, die sich am Rande eher kleinerer Städte befinden. Hier sind ebenfalls in den 60er und 70er Jahren im Zuge der Wohnraumbeschaffung am Rande bestehender Siedlungen Wohnblocks entstanden, die denen des dritten Typs sehr ähneln. In Limoges gehören die *ZUP L'Aurence*, *Beaubreuil* und *La Bastide*, in Aix-en-Provence *Corcy* und in St Etienne *Montchovet* zu diesem Typ. In Mulhouse kann man *Burtzwiller*, in Melun (im Osten von Paris) *Mésereaux*, in Dreux (ca.100 km von Paris) *Les Chamards*, in Pau (am Rande der Pyrenäen) *L'Ousse des Bois* und in Les Mureaux (in Yvelines, ca. 80 km von Paris) *Vigne Blanche* zu dieser Art marginalisiertem Quartier zählen. Auch in Bezug auf die Kriterien der Zusammensetzung der Bevölkerung und des Anteils an Arbeitslosigkeit bzw. Armut gleichen sie dem vorherigen Typ. Sie bestehen meist aus einer Ansammlung der typischen *HLM's*, die entstanden sind, um Menschen mit preisgünstigem Wohnraum zu versorgen. Auch hier ist der überwiegende Teil der Bewohner(innen) auf Sozialhilfe oder Arbeitslosengeld angewiesen. Es sind im Grunde genommen kleine *Banlieues*, die aber aufgrund der jeweils geringeren Bevölkerungszahl nur zum Teil dieselbe Problematik aufweisen wie diejenige in größeren Städten.

Mögliche Entwicklungspfade marginalisierter Quartiere in der BRD und in Frankreich

Grundlegende Verbesserungen in marginalisierten Quartieren durchzusetzen, ist ein schwieriges Unterfangen. Gerade bei den modernen Schlafstätten wäre ein enormer Aufwand erforderlich, um die Situation der Bewohner(innen) zu verbessern. In den von industriellen Umstrukturierungsprozessen betroffenen Quartieren scheinen sich jedoch eher Veränderungen initiieren zu lassen. Erwähnt werden muss deshalb, dass Marginalisierung nicht unbedingt ein irreduzibler Prozess ist. Es gibt zahlreiche Beispiele dafür, dass sich sog. marginalisierte Quartiere zu wohlhabenden „Szenevierteln" (vgl. Bukow/Yildiz 2001) entwickelt haben. Der hiermit angesprochene Prozess der Gentrifikation, die Veränderung der Bevölkerungsstruktur durch die Verdrängung der in der Regel „wirtschaftlich schwachen" Alteingesessenen, wurde zuerst in innenstadtnahen Wohnorten beobachtet. In Köln fanden solche Vorgänge vor allem in Nippes, der Südstadt und auch in Ehrenfeld statt. Neuerdings kann man solche Prozesse auch in Quartieren weiter entlegener Vororte beobachten, wie z.B. in Kalk oder Mülheim, beides Orte, die von den eben erwähnten industriellen Umstrukturierungsprozessen betroffen waren. Bedeutsam ist, dass wir es hier mit einer „Gentrifikation mit umgekehrten Vorzeichen" zu tun haben. Auch hier findet ein Bevölkerungsaustausch statt. Allerdings sind es hier die relativ wohlhabenden Alteingesessenen, die ihre Häuser und Eigentumswohnungen – häufig aus fremdenfeindlichen Motiven heraus – verkaufen und Migrant(inn)en den Einzug in das Quartier ermöglichen. Nicht immer wird gleichzeitig auch die Besitzerin bzw. der Besitzer gewechselt, d.h. manchmal kaufen die bisherigen Mieter(innen) die Wohnungen auf. Dennoch ziehen in solche Viertel verstärkt auch Migrant(inn)en, die zu den wenigen Migrationsgewinner(innen) gehören und der Diskriminierung auf dem Wohnungsmarkt durch den Kauf eines Eigenheims entfliehen wollen. Pioniere und Gentrifier[58], die neuen Bewohner(innen) des Quartiers, eröffnen kleine Geschäfte und sichern darüber ihre finanzielle Unabhängigkeit ab, auch dies häufig genug eine Maßnahme, um der drohenden Diskriminierung auf dem Arbeitsmarkt zu entkommen. Werden solche Veränderungen der Bevölkerungsstruktur politisch positiv begleitet – beispielsweise durch Maßnahmen der Verkehrsberuhigung, der Verbesserung der Erreichbarkeit durch öffentliche Verkehrsmittel, den Bau weiterer kultureller Einrichtungen etc. – kann aus dem ehemals marginalisierten Quartier tatsächlich

---

58 Pioniere sind die risikofreudigen Gruppen, die als erste in ein marginalisiertes Quartier einziehen. Gentrifier sind diejenigen, die erst dort einziehen, wenn sich eine Aufwertung des Quartiers schon vollzogen hat oder zumindest abzeichnet (vgl. hierzu Blasius 1993, S. 31ff.)

eine Art „Szeneviertel" entstehen[59]. Allerdings sind es hier nicht Teile des sog. alternativen Milieus, die in das gentrifizierte Gebiet ziehen, sondern vor allem Migrant(inn)en. Die Aufwertung solcher Viertel wird also vornehmlich von bisher marginalisierten Bevölkerungsgruppen getragen, die sich dazu entschieden haben, sich in einem Quartier zu engagieren und dort eine neue Heimat aufzubauen.

Vergleichbar mit der Situation in den erwähnten Kölner Quartieren ist die Entwicklung des marginalisierten Quartiers Krutenau in Straßburg. In Krutenau haben wir es allerdings eher mit sog. klassischen Gentrifikationsprozessen zu tun, d.h. die Pioniere, die in das Gebiet einziehen, sind vor allem Student(inn)en. Im Gegensatz zu diesen sich positiv entwickelnden Quartieren gibt es aber auch negative Entwicklungen. Am Beispiel des Keupstraßenviertels in Köln-Mülheim und der *Banlieue* Neuhof in Straßburg wird dargestellt, wie eine bereits eingeleitete negative Entwicklung durch eine stigmatisierende Öffentlichkeit noch verstärkt werden kann.

Beispiele der Aufwertung und der zusätzlichen Abwertung ehemals marginalisierter Viertel in Köln

Die Entwicklung marginalisierter Quartiere kann – wie bei der Typisierung schon verdeutlicht – in sehr verschiedene Richtungen verlaufen. In welche Richtung diese Entwicklung verläuft, hängt von mehreren Faktoren ab. Ein Beispiel für eine gelungene Aufwertung ehemals marginalisierter Quartiere ist die Sanierung der Südstadt in Köln.

Das Severinsviertel im Herzen der Südstadt galt lange Zeit als ein sog. marginalisiertes Quartier (vgl. Stadt Köln o.J.a, S. 6f.). Im Zuge der industriellen Revolution siedelten sich dort viele kleinere Unternehmen an. Die Bevölkerung, vor allem zahlreiche Arbeiter(innen) und Handwerker(innen), zog nach, so dass hier eine sehr dichte Wohnbebauung entstand. Dominiert wurde das Viertel von der Severinsstraße, einer Geschäftsstraße mit vielen kleinen

---

59 Beispiele für solche Veränderungsprozesse gibt es aber auch direkt in den Innen-städten der Großstädte. In Köln wandelte sich z.B. das Gesicht mancher innenstadtnaher Quartiere durchaus positiv. Zu nennen ist hier vor allem das Eigelstein-Viertel, ursprünglich ein Bahnhofsviertel, in dem Kleinkriminalität, Prostitution und Drogenhandel zum Alltag gehörten. Mit einem subtilen, langfristigen und mit den Interessen der Quartiersbewohner(innen) kompatiblen Sanierungskonzept wurden zahlreiche, noch aus dem 2. Weltkrieg stammende Baulücken geschlossen, bestehende Häuser saniert, Fußgängerzonen eingerichtet und eine Kindertagesstätte gebaut, so dass die alteingesessene Bevölkerung nicht verdrängt wurde. Szenekneipen, Bioläden und Schmuckgeschäfte versorgen die Bevölkerung ebenso wie Imbissbuden und Kram- und Ramschläden. Auch eine Unterkunft für Drogenabhängige ist eingerichtet worden. Der Charakter eines „Szeneviertels" trifft für dieses Quartier inzwischen durchaus zu.

Geschäften des täglichen Bedarfs, die die Südstadt im Norden mit der Innenstadt und im Süden mit dem Severinstor und der Bonner Straße verbindet. Da die Südstadt im 2. Weltkrieg relativ wenig zerstört wurde, hielt sich die Bebauungsstruktur bis weit in die Nachkriegszeit. Insbesondere für junge Familien waren die Wohnverhältnisse jedoch völlig ungeeignet, sie zogen in die umliegenden Vororte Kölns. Es gab nur sehr wenige Grünflächen und die Infrastruktur war schlecht. Es fehlte an Kindergärten, Altenheimen und Erholungsmöglichkeiten. Im Laufe der 70er Jahre entstanden dann erste vorbereitende Untersuchungen, in denen folgende Probleme des Viertels analysiert wurden:

„Der Wohnwert des Viertels war durch die vernachlässigte bauliche Substanz, große Instandhaltungsmängel, durch überhöhte und zu enge Bebauung mit schlechten Belichtungs- und Besonnungsverhältnissen, durch die unbefriedigende Verkehrssituation und durch störende Gewerbebetriebe in unmittelbarer Nachbarschaft zum Wohnen stark beeinträchtigt, und zwar mit steigender Tendenz. Die Versorgung mit Gemeinschaftseinrichtungen sowie mit Grün- und Spielflächen war unzureichend" (vgl. Stadt Köln o. J.a, S. 10).

Und weiter:

„Ebenso gab es Probleme der wirtschaftlichen Entwicklung. Das Einkaufszentrum Severinsstraße kämpfte mit Strukturproblemen, u.a. durch Kaufkraftschwund. Fehlende Expansionsmöglichkeiten und überalterte Bausubstanz bedrohte die Existenz mancher Produktionsstätten. Das Arbeitsplatzangebot hatte sich durch die Verlagerung der Firma Stollwerck und die Schließung anderer Betriebe in den letzten Jahren vor der Untersuchung erheblich verschlechtert" (vgl. ebd.).

Im Anschluss an diese Untersuchung wurde ein Sanierungskonzept entworfen, das der Prämisse

„Erhaltung und Stärkung des Severinsviertels als relativ preisgünstiges Wohngebiet mit hoher funktionaler Mischung, gemischter Sozialstruktur und typischem Milieu und Stadtbild" (vgl. ebd., S. 14)

folgte.

Im Zuge der Sanierung wurden dann Häuser, deren bauliche Substanz derart schlecht war, dass eine Renovierung ausgeschlossen war, abgerissen, die Schokoladenfabrik der Firma Stollwerck nach Köln-Porz ausgelagert, zahlreiche Häuser saniert, bis dahin fehlende kulturelle und soziale Einrichtungen gebaut, Verkehrsstraßen beruhigt und begrünt und neue Grünanlagen und Kinderspielplätze geschaffen.

Zwecks Sanierung der Häuser führte die Stadt mit den Hausbesitzer(inne)n Gespräche und stellte mögliche Unterstützungsmaßnahmen vor. Dabei konnten die Hausbesitzer(innen) entweder öffentliche Fördermittel in Anspruch nehmen, so dass anschließend Sozialwohnungen entstanden, oder sie konnten eine privatfinanzierte Modernisierung wählen und die Kosten später – entsprechend den gesetzlichen Bestimmungen – auf die Miete umlegen.

Trotz zahlreicher Sanierungs- und Umbaumaßnahmen konnte der Mietpreis relativ stabil gehalten werden, so dass kaum Menschen gezwungen waren, das Quartier zu verlassen. Stattdessen wurde das Viertel stark aufgewertet, so dass die Atmosphäre angenehmer und der Wohnwert und die Lebensqualität enorm angehoben wurden.

Der Anteil der Bevölkerung mit Migrationshintergrund ist nach der Sanierung des Viertels zunächst etwas gesunken, später aber wieder angestiegen, so dass das Niveau in etwa gleich geblieben ist. Zahlreiche neue Betriebe, Läden und Geschäfte sind entstanden, die das Flair des Viertels erheblich verbessert haben. Insgesamt ist hier ein bereits vorher bestehendes multikulturelles Viertel bewahrt worden, obwohl das Äußere des Viertels teilweise nicht mehr wieder zu erkennen ist.

Ein negatives Beispiel, ebenfalls in Köln, ist die Entwicklung des Keupstraßenviertels in Köln-Mülheim. Auch dieses Quartier war während seiner Entwicklung häufig Adressat von Marginalisierungsprozessen. Zunächst war es ein reines Arbeiterquartier. Hier wohnten die Beschäftigten der umliegenden Fabriken, insbesondere von der Firma Felten & Guillaume. Es gab eine ganze Reihe Einzelhandelsgeschäfte, kleinere Handwerksbetriebe und natürlich Arbeiterwohnungen. In den 50er und 60er Jahren zogen die ersten Migrant(inn)en in das Viertel. Erst später, im Zuge der Rezension der umliegenden Betriebe und weil die inzwischen heruntergekommenen Häuser nicht mehr den Ansprüchen der deutschen Bevölkerung entsprach, zogen immer mehr Deutsche entweder ganz aus Mülheim weg oder in die benachbarten Siedlungen. Die Wohnungen und die Läden wurden von den damaligen Hausbesitzer(inne)n nicht saniert, sondern gleich an die zugezogenen Migrant(inn)en vermietet, teilweise sogar an sie verkauft. So nahmen sowohl die Wohn- als auch die Geschäftsbevölkerung mit Migrationshintergrund im Quartier deutlich zu.

Aus Interviews (vgl. Flören 2000) geht hervor, dass einige der Bewohner(innen) die Auffassung vertreten, dass das Viertel „blüht". Es ist zu einem großen Teil verkehrsberuhigt, der überwiegende Teil der Häuser ist saniert, es gibt zahlreiche kleine Geschäfte (Reisebüros, Juweliere, Kaffeehäuser, Imbissbuden, Restaurants, Gemüseläden) und Handwerksbetriebe, mit einem Wort: hier hat sich ein echtes Szeneviertel etabliert.

Die Stimmung im Viertel ist jedoch geteilt, denn schon seit Jahren existiert eine sog. IG Keupstraße, deren Mitglieder sich über den hohen Anteil der „ausländischen" Bevölkerung beklagen. Sie argumentieren, dass inzwischen zu viele Migrant(inn)en hier wohnen würden, so dass die kulturelle Identität der dort lebenden deutschen Bevölkerung bedroht sei. Zudem gäbe es zu viel Lärm, zu viel Schmutz und zu viel Verkehr.

Auch im öffentlichen Diskurs, vor allem in den Zeitungen und im Rundfunk, wurde lange Zeit ein negatives Bild des Viertels vermittelt: Es war die Rede von „massenhafter und illegaler Einwanderung", von Drogen, Kriminalität und Gewalt. U.a. aufgrund der Initiative dieser Interessengemeinschaft wurde eine Dokumentation über die Situation des Viertels publiziert, in der die Berichterstattung der Medien und auch der im Viertel wohnenden Deutschen dokumentiert sind (vgl. Stadt Köln o.J.b). Die alltägliche Situation oder die Probleme der Einwanderinnen und Einwanderer kommen dabei nicht zur Sprache, stattdessen ist von „Problemen", „Konflikten" und „Auswirkungen, Konsequenzen und Bewältigung der Einwanderung" die Rede. Dabei werden auch einige methodische Probleme dieser Dokumentation offensichtlich: Obwohl mehr als 50% der Bevölkerung Einwanderinnen und Einwanderer sind, wurden diese in der Dokumentation außen vor gelassen und obwohl sie inzwischen mehr als die Hälfte der dort wohnenden Bevölkerung ausmachen, wird so getan, als ob das Urteil der IG Keupstraße die Stimmung aller Bewohner(innen) des Viertels wiedergibt. Die Dokumentation der Stadt Köln schließt sich den Diskursen der IG Keupstraße und der Medien an und reproduziert darüber deren Vorurteile und Stigmata. Die Folgen dieser Stigmatisierung sind nicht zu unterschätzen: Sie produziert oder zumindest verschärft Konflikte, sie lässt den Eindruck entstehen, dass die Stadt, das Bezirksamt und auch das Land NRW als Finanziers dieser Dokumentation nur hinter der deutschen Bevölkerung stehen und sich – in diesem Fall – sogar um die Mehrheit der Bewohner(innen) dieser Straße nicht kümmern. Anstatt die reale Situation der Bevölkerung offen zu legen, zementiert die Dokumentation die tatsächlich vorhandenen Probleme der sozialen Ungleichheit, der Diskriminierung, der fehlenden Partizipation, indem sie sie regelrecht vertuscht bzw. sich auf Probleme wie Verkehr, Lärm und Schmutz konzentriert und die Verursacher ausschließlich in der eingewanderten Bevölkerung ausfindig macht.

**Beispiele der Aufwertung und der zusätzlichen Abwertung ehemals marginalisierter Viertel in Straßburg**

Einen ähnlichen Aufschwung wie das Severinsviertel im Süden Kölns kann man in dem Quartier Krutenau in Straßburg beobachten. Lange Zeit galt Krutenau als ein heruntergekommenes und verwahrlostes Quartier, in dem es fast ausschließlich unsanierte und preisgünstige Altbau- bzw. Sozialwohnungen gab. Die bauliche Substanz war äußerst schlecht, in vielen Wohnungen gab es bis weit in die Nachkriegszeit keine Bäder bzw. ausreichende sanitäre Anlagen. Krutenau verkörperte das klassische Bild eines Arbeiterquartiers mit relativ homogener Bevölkerungsstruktur. Traditionellerweise wohnten dort auch viele

Migrant(inn)en und fast ausschließlich Vertreter(innen) des unteren Schichtengefüges. Die Verkehrssituation war für die Quartiersbewohner(innen) unbefriedigend, an vielen Straßen gab es nur sehr kleine Bürgersteige, den meisten Raum nahm der Autoverkehr ein. Aufgrund der günstigen, bahnhofs- bzw. innenstadtnahen Lage kam es jedoch schon früh zu umfangreichen Sanierungsmaßnahmen. Sehr viele Altbauwohnungen wurden saniert, es gab umfangreiche Maßnahmen zur Verkehrsberuhigung wie den Rückbau von Straßen, den Bau von Fahrradwegen und die Konstruktion einer Straßenbahnlinie, die fast nur überirdig und mitten durch die traditionellen Einkaufsstraßen des Viertels führt. Inzwischen wurde an der Grenze zu einem benachbarten Quartier ein riesiger Parkplatz zu einer ansprechenden Parkanlage umfunktioniert.

Interessant ist dabei, dass Krutenau auch von den Sanierungsmaßnahmen in den umliegenden Vierteln profitiert. Die neue urbane Stimmung, die durch den Umbau des *Place Kléber* zu einem autofreien Platz im Zentrum von Straßburg entstanden ist, strahlt bis nach Krutenau aus. Im Gegensatz zum Severinsviertel in Köln hat sich die Bewohnerstruktur jedoch deutlicher verändert. Der Anteil an Sozialwohnungen liegt inzwischen bei nur noch 20%. Arbeiter(innen) und Migrant(inn)en sind durch den Gentrifikationsprozess aus dem Viertel hinausgedrängt worden. Die klassischen Pioniere bzw. Gentrifier, vor allem Student(inn)en, aber auch Vertreter(innen) wohlhabenderer Schichten, sind stattdessen eingezogen.

Bemerkenswert ist auch, dass der Anteil junger Menschen bis 25 Jahren nicht niedriger ist als in anderen Straßburger Vierteln[60]. Allerdings ist ein sehr hoher Anteil der Haushaltsführungen (26,4%) unter 24 Jahre alt. Darunter befinden sich viele Singles, die die Atmosphäre des Viertels besonders attraktiv finden. Trotz dieser allgemein positiven Entwicklung gibt es in Krutenau – im Gegensatz zu den anderen aufstrebenden Straßburger Vierteln wie *Gare*, *Robertsau* oder *Koenigshoffen* – ein negatives Wanderungssaldo[61]. Dies hängt vermutlich damit zusammen, dass die ansteigenden Mietpreise insbesondere für Student(inn)en nicht mehr finanzierbar sind, so dass die Pioniere teilweise dazu gedrängt werden, das Viertel schon wieder zu verlassen.

Auch für die Entwicklung des Quartiers Krutenau kann man insgesamt sagen, dass hier ein bereits vorher bestehendes multikulturelles Viertel bewahrt worden ist, obwohl das Äußere dieses Viertels kaum noch wieder zu erkennen

---

60 Hier ist allgemein eine relativ gleiche Verteilung in den Straßburger Vororten festzustellen. Abgesehen von dem Quartier Hautepierre-Poteries (der Anteil der Jugendlichen liegt bei 45%) liegt er überall zwischen 31 und 39 % (vgl. hierzu und auch bei den folgenden Prozentangaben: Communité Urbaine de Strasbourg (o.J.)).
61 Von 1990 bis 1999 betrug das Wanderungssaldo minus 149.

ist. Die äußerliche Veränderung hat hier aber auch zu einer deutlichen Veränderung der Bewohnerstruktur geführt.

Vergleichbar mit der Situation im Keupstraßenviertel in Köln-Mülheim ist die Lage in dem Straßburger Vorort Neuhof. Neuhof ist eine typische *Banlieue* mit einem hohen Anteil an Sozialwohnungen (61,2%). Auch hier ist die Lage durch knappe wirtschaftliche Ressourcen, hohe Arbeitslosigkeit, schlechte Bauweise der Wohnungen und wenige Grünflächen charakterisiert (vgl. hierzu und im Folgenden Tietze 1999, S. 125ff.). Die ungünstigen strukturellen Voraussetzungen haben zu einer Abwanderung wohlhabenderer Schichten und zu einer Homogenisierung der Bevölkerungsstruktur des Viertels geführt. Es wohnen inzwischen dort überdurchschnittlich viele junge Leute und Menschen mit Migrationshintergrund. Hinzu kommt eine einseitige Berichterstattung der Medien über dieses Quartier, die sich häufig auf die Präsentation negativer Berichte beschränkt. Wenn von Neuhof mal in der Straßburger Presse die Rede ist, dann in einem negativen Kontext, d.h. es wird über Krawalle, gestohlene oder angezündete Autos und sonstige illegale Aktionen berichtet. Viele Einwohner(innen) Straßburgs betrachten deshalb Neuhof als ein Quartier, das sich von der bürgerlichen Idylle Straßburgs scharf abgrenzt und deshalb nicht mehr zur Stadt gehört. Tietze beschreibt diese Situation wie folgt:

„Busfahrer weigern sich nach einer bestimmten Uhrzeit am Abend bestimmte Haltestellen im Viertel zu bedienen, Taxifahrer geben Beschreibungen, die den Eindruck entstehen lassen, dass man mit dem Ziel Neuhof Straßburg, ja das Elsaß verlässt und an einem bestimmten Ort ankommt, an dem die französischen Gesetze nicht mehr greifen" (Tietze 1999, S. 126).

Und auch hier wird – wie im Keupstraßenviertel – immer wieder schnell die Verbindung von Kriminalität und Ethnizität gezogen:

„Der Terrorismus ausländischer islamistischer Organisationen, die nach einer weit verbreiteten Vorstellung in den Vorstädten ihre Anhänger rekrutieren, wird mit einer innergesellschaftlichen sozialen Problematik der Stadtgewalt und der Bevölkerung in städtischen Randgebieten in eine Beziehung gesetzt" (Tietze 1999, S. 127).

Im Gegensatz zur Berichterstattung über das Keupstraßenviertel in Köln-Mülheim, die sich auf einige Zeitungsartikel und die Präsentation der Probleme im Rahmen einer Interessengemeinschaft beschränkt, ist der mediale Umgang mit den Problemen in Neuhof quantitativ und qualitativ anders: Die regionale Mediatisierung wird national ausgeweitet, es kommt zu einer Präsentation der Unruhen in nationalen Tageszeitungen und im überregionalen Fernsehen.

Die überpointierte und aus lokalen Zusammenhängen herausgerissene Berichterstattung hat für die Bewohner(innen), insbesondere die jugendlichen, wiederum einen besonderen Effekt. Es kommt zwischen den Jugendlichen verschiedener Quartiere zu einem Wettstreit um die negativste Berichterstattung. Ein Jugendlicher berichtet: „Also wir in Cronenbourg, wir hatten TV1, die in Neuhof nur France3"[62] (zitiert nach Tietze 1999, S. 135).

Mit anderen Worten: Es gibt eine reziproke Instrumentalisierung. Während die Medien die jugendlichen Bewohner(innen) der Vorstädte für ihre eigenen Interessen instrumentalisieren, profitieren die Jugendlichen von der überpointierten medialen Berichterstattung, indem sie sich für Momente als „das Zentrum Frankreichs" empfinden. Für einen Moment gelingt es ihnen, aus der Ödnis und der Verwahrlosung Neuhofs hinauszutreten und in die nationale Öffentlichkeit zu gelangen. Allerdings ist ihre Haltung zu den Medien durchaus ambivalent. Die Jugendlichen spüren einerseits die Chance, Öffentlichkeit zu erlangen, andererseits merken sie aber auch, dass ihr Viertel von den Medien mißbraucht wird. Als Reaktion auf diese Stigmatisierung durch die Medien kam es auch schon zu Gewaltaktionen gegen Medienvertreter(innen).

Mit Hilfe der Labeling-Theorie (vgl. Lemert 1982, S. 433ff.) könnte man an den beiden Beispielen der zusätzlichen Abwertung ehemals marginalisierter Viertel in Köln und Straßburg aufzeigen, dass die Stigmatisierung der „primären Devianz" (das wären in diesem Beispiel die aufgrund der ökonomischen, rechtlichen und sozialen Ungleichheit entstehenden abweichenden Verhaltensweisen der eingewanderten Bevölkerung) eine „sekundäre Devianz" provozieren kann (dies wäre die Inkorporation der von außen erfolgten Schuldzuweisung, die – je nach dem – zu verstärkter Apathie und Resignation oder Gewalt und Kriminalität führen kann)[63].

Die Beispiele der Sanierung des Severinsviertels in Köln bzw. des Quartiers Krutenau in Straßburg verdeutlichen, dass auch marginalisierte Quartiere aufgewertet werden können. Gerade in solchen Quartieren findet man aufgrund des Engagements der Bevölkerung und zielgerichteter politischer und ökonomischer Maßnahmen eben auch die positiven Errungenschaften postmoderner Gesellschaften wieder.

Die Beispiele der Dokumentation der Situation des Keupstraßenviertels in Köln-Mülheim bzw. der Vorstadt Neuhof in Straßburg zeigen hingegen, dass eine von außen gesteuerte Stigmatisierung der Quartiere die Lage deutlich verschlechtern bzw. auch bereits individuell begonnene positive Prozesse

---

62 TV1 ist ein nationales TV-Programm, das stark zur Meinungsbildung in Frankreich beiträgt, France3 ist ein regionaler Sender.
63 Dies gilt insbesondere für die jugendlichen Bewohner(innen) in Neuhof, die das von den Medien produzierte negative Image des Quartiers offensichtlich für ihre eigenen Interessen nutzen. Von den Bewohner(innen) des Keupstraßenviertels ist die sekundäre Devianz jedoch bisher verweigert worden. Sie haben sich sogar heftig gegen die „Diskriminierung aus den eigenen Reihen" gewehrt.

(Sanierung, Entstehung kleiner Unternehmen, Realisierung kultureller Vielfalt) beeinträchtigen oder sogar blockieren kann[64].

Ronneberger/Lanz/Jahn (1999, S. 82f.) haben nachgewiesen, dass solche Stigmatisierungsprozesse keine Einzelfälle sind. Die diskursive Verschränkung von Verwahrlosung, Gewalt, hohem Anteil der Bevölkerung mit Migrationshintergrund und Armut zu einem Dispositiv der Bedrohung für die Normalität lässt sich in vielen Berichten über marginalisierte Quartiere erkennen. Zu solchen einseitigen, überpointierten und angsteinflößenden Schreckensszenarien tragen sowohl die Medien, die Wissenschaft als auch die Politik bei. Ein großes Problem ist, dass solche, aus publizistischen, wissenschaftlichen und politischen Aspekten bestehenden „Verstärkerkreisläufe" (Scheerer 1978) auch die Legitimation für spezielle repressive und ausgrenzende ordnungspolitische Maßnahmen liefern können, um die als „gefährlich" etikettierten Orte zu befrieden, wie es Ronneberger/Lanz/Jahn in ihrer erwähnten Publikation aufgezeigt haben. Deshalb ist es wichtig, Stigmatisierungsprozesse dieser Art unbedingt zu vermeiden, die sog. „Selbsterhaltungskräfte" (Bourdieu et.al. 1997) der ansässigen Bevölkerung zu fördern und für ein ausgewogenes Bild der Quartiere in der Öffentlichkeit zu sorgen. Dies kann nur gelingen, wenn man die gesamte Bevölkerung in Erhebungs- und auch in Gestaltungsprozesse mit einbezieht. Lässt man sie ganz außen vor, riskiert man, eine paternalistische Haltung zu realisieren, indem man vorgibt, doch „alles besser zu wissen als die Betroffenen", lässt man einen Teil der Bevölkerungsmeinung außer Acht, riskiert man, dass sich nur die Interessen einer bestimmten Gruppe durchsetzen und darüber hinaus – wie in dem Fall des Keupstraßenviertels in Köln-Mülheim geschehen – eine Stigmatisierung des Quartiers entsteht.

Insgesamt kann man behaupten, dass die positiven und negativen Effekte der Marginalisierung auf die einzelnen Quartiere recht unterschiedlich sind. Manche Quartiere sind vor allem von den positiven Entwicklungsschritten betroffen, andere hauptsächlich von den negativen. Ansätze, hier Abhilfe zu schaffen, gibt es genügend. Sie müssen von der Politik aufgegriffen und verstärkt werden. Doch zunächst soll noch auf die Situation der Jugendlichen in marginalisierten Quartieren und auf das Phänomen der Jugendgewalt ausführlich eingegangen werden.

---

64 Für die Entwicklung beider Viertel muss man jedoch anfügen, dass das öffentliche Bild des Keupstraßenviertels in Köln-Mülheim inzwischen besser geworden ist. Sogar der Kölner Oberbürgermeister Fritz Schramma hat das Viertel inzwischen gelobt. Auch in der Straßburger *Banlieue* Neuhof sind umfangreiche Sanierungsmaßnahmen geplant, die auch eine Korrektur des durch die Medien bisher verbreiteten Images vorsieht (vgl. hierzu Communité Urbaine de Strasbourg o.J.).

## 2.2 Die Situation der Jugendlichen in marginalisierten Quartieren

### *2.2.1 Die Situation in Frankreich*

In Frankreich leben zur Zeit etwa 6,9 Millionen Jugendliche bzw. junge Erwachsene zwischen 16 und 25 Jahre (*Le Monde* vom 16.04.02). Etwa die Hälfte davon sind Student(inn)en. Die große Mehrheit der restlichen Jugendlichen macht eine *Formation professionelle* (Schul- oder Berufsausbildung) oder ist Besitzer(in) einer mehr oder weniger stabilen Arbeitsstelle.

Etwa 300.000 Jugendliche befinden sich in sog. *Emplois-jeunes*[65], in zeitlich befristeten Beschäftigungsmaßnahmen, die speziell für Jugendliche eingerichtet worden sind, um der Jugendarbeitslosigkeit zu begegnen.

Beachten muss man bei der Analyse der Situation der Jugendlichen zudem, dass sie proportional betrachtet zusammen mit den älteren Menschen zu denjenigen zählen, die am ehesten von Arbeitslosigkeit betroffen sind (vgl. hierzu und im Folgenden Worms 2001, S. 378). Und trotz des allgemein angestiegenen Bildungsniveaus stoßen Jugendliche bei der Arbeitssuche auf Schwierigkeiten. So sucht ein Viertel der Jugendlichen auf dem Arbeitsmarkt eine Stelle, ca. drei Viertel der beschäftigten Jugendlichen befinden sich in einem prekären bzw. unsicheren Beschäftigungsverhältnis. Die jungen Menschen zwischen 16 und 25 Jahren besetzen 42% der unsicheren Stellen, aber nur 4% der stabilen Arbeitsverhältnisse. Mit andern Worten: „Sie tragen den größten Teil der Last der Flexibilität, die heute auf dem französischen Arbeitsmarkt sichtbar wird" (Worms 2001, S. 379).

Betrachtet man sich die Situation der Jugendlichen (bis 25 Jahre) in den marginalisierten Quartieren, so erkennt man, dass ihr Anteil an der Bevölkerung durchgängig relativ hoch ist. In den meisten Vierteln liegt er etwa bei 40-50%; in einigen marginalisierten Quartieren beträgt der Anteil der Jugendlichen unter 25 Jahren manchmal sogar 60% der Bevölkerung (vgl. Delarue 1991, S. 35). Um die Situation der jungen Menschen zu schildern, soll zunächst nochmal ein kurzer Blick auf die konkrete Situation der Quartiere geworfen werden.

---

65 Dies entspricht in etwa 40% derjenigen Jugendlichen der o.g. Altersgruppe, die arbeiten. Mit anderen Worten: fast jeder zweite Job im Alter von 16-25 Jahre ist durch staatliche Hilfe bezuschusst (vgl. *Le Monde*, ebd.).

Die Situation in den *Banlieues* anhand einiger Beispiele

Auffällig ist in Frankreich zunächst, dass die Differenzen in Bezug auf Einkommen bzw. Vermögen und Arbeitslosigkeit bzw. Armut zwischen Regionen wie dem *Großraum Paris* oder der *Courly (Communité urbaine de Lyon)* und den Regionen *Centre* oder *Nord-Pas-de-Calais* erheblich sind. Aber auch innerhalb der einzelnen Regionen gibt es enorme Differenzen in Bezug auf die genannten Kriterien[66]. Am Beispiel einiger Daten zu den drei Vorstädten der *Courly Vaulx-en-Velin*, *Vénissieux* und *Rillieux-la-Rape*, in denen bis zu 50% Jugendliche wohnen, lässt sich deren Situation in den *Banlieues* beispielhaft charakterisieren[67].

*Vaulx-en-Velin*, eine Vorstadt im Osten Lyons, hat heute ca. 45.000 Einwohner(innen). In den 50er und 60er Jahren hat sich die Vorstadt durch die Ansiedlung wichtiger Industriezweige wie Seiden-, Automobil- und petrochemische Industrien (u.a. die Fabrik von Rhone-Poulenc) zu einem Arbeitervorort Lyons entwickelt. In den 70er Jahren hat die Errichtung dieser *ZUP*[68] eine wahre Bevölkerungsexplosion bewirkt: Die Bevölkerung stieg von 1954 bis 1978 um fast 10.000 Einwohner(innen) auf 43.700 Einwohner(inne)n an. *Vaulx-en-Velin* verzeichnete 1998 eine Arbeitslosigkeit von 18% und einen Migrant(inn)enanteil von 23%. Das durchschnittliche Einkommen der Einwohner(innen) betrug 56.000 Franc/pro Jahr. 60% der Bevölkerung erhielten eine Beihilfe durch das Amt für Familienleistungen und soziale Aktion *(Caisse d'Allocations Familiales/CAF)*, 5 bis 10% bekamen das Mindesteinkommen *(Revenu minimum d'Insertion/RMI)*[69] und 25% der Bevölkerung mussten mit weniger als 2.500 Franc/Monat auskommen. Für die Migrant(inn)en sah die

---

66 Dies ist im Übrigen in anderen europäischen Staaten ähnlich.
67 Die folgenden Angaben beruhen auf den Daten aus Wieviorka 1999, S. 220f.
68 Die *ZUP* sind in Frankreich einerseits als Ersatz für die *Bidonvilles* und andererseits als neuer Wohnraum für die Arbeiter(innen) gebaut wurden, die sich aufgrund der Ansammlung neuer Industrien dort niederließen. Die Errichtung der *ZUP* war mit juristischen Auflagen verbunden. Neben Wohnungen sollte eine komplette Infrastruktur, bestehend aus Schulen, Verkehrsanbindungen und Krankenhäusern, angesiedelt werden. Zudem sollten mindestens 200 Unterkünfte gebaut werden. Allerdings wurde die Zahl häufig überschritten, so dass meist 4000 Unterkünfte errichtet wurden, in denen später oft mehr als 15.000 Menschen lebten. Sie wurden meist im Schnellverfahren errichtet. Insgesamt entstanden in etwa 10 Jahren 200 dieser *ZUP*, in denen mehr als zwei Millionen Menschen wohnen (vgl. hierzu ausführlicher Kühr 2001, S. 81f.). Einige dieser *Grands Ensembles* sind inzwischen schon wieder abgerissen worden, wie z.B. 2001 in *Barre de la Courneuve*.
69 Das *RMI* ist ein nicht beitragbezogenes, aus Haushaltsmitteln finanziertes Mindesteinkommen zur beruflichen und gesellschaftlichen (Wieder-)Eingliederung, das allen Menschen in Frankreich ab 26 Jahren zusteht, die keine sozialversicherungspflichtige Tätigkeit ausüben bzw. ausgeübt haben und sich bereit erklären, an geeigneten (Wieder-) Eingliederungsmaßnahmen teilzunehmen. Das *RMI* ist vergleichbar mit der Sozialhilfe in der BRD.

Situation noch schlechter aus. 31,5% waren arbeitslos, 21% der Haushaltsvorstände waren Langzeitarbeitslose, 41% verfügten nur über ein prekäres Beschäftigungsverhältnis.

Die Situation in *Vénissieux* ist ähnlich. Auch in dieser Stadt hat die Ansammlung wichtiger Industriezweige (Chemie und Fahrzeugindustrie) zunächst zu einem starken Bevölkerungsanstieg geführt. Heute hat *Vénissieux* etwa 60.700 Einwohner(innen), allerdings sind seit dem Einbruch der Industrie seit den 80er Jahren bereits fast 5.000 Einwohner(innen) wieder weggezogen. In *Minguetttes*, der ZUP von *Vénissieux*, leben auf einer Fläche von 20% ca. 40% der Einwohner(innen). 1995 hatte *Vénissieux* eine Arbeitslosigkeit von 22%, 70% der Haushalte verfügten über weniger als 6.000 Franc pro Monat. Der Migrant(inn)enanteil betrug 24%.

Vergleichbar mit der Situation in den beiden *Banlieues* ist auch die Situation in *Rillieux-la-Pape*. Die Vorstadt im Süden Lyons hat ca. 30.000 Einwohner(innen). Hier setzte sich die Industrialisierung später durch und erst in den 70er und 80er Jahren erklärte man den Ort zu einer *ZUP*, damit dort mit staatlicher Hilfe Industriegebiete und Wohnhäuser errichtet werden konnten. Im Gegensatz zu den beiden anderen Vorstädten verfügt *Rillieux-la-Rape* jedoch über keine historische Entwicklung. Sie ist nicht aus einer typischen Arbeitervorstadt entsprungen, sondern entspricht eher einer relativ neuen Schlafstadt für öffentlich Bedienstete der SNCF oder der Post. Dennoch sind die dort wohnenden Menschen mit ähnlichen Problemen konfrontiert. 22% der Einwohner(innen) sind arbeitslos, über 30% der Bevölkerung sind unter 19 Jahre alt und 25% der Einwohner(innen) verfügen über kein *Certificat d'études* (Schulabschluss). Der Migrant(inn)enanteil ist jedoch deutlich geringer als in den anderen Vierteln, er beträgt etwa 11%.

Die Situation der Jugendlichen in den *Banlieues*

Bedenkt man, dass der Anteil der Jugendlichen an der Bevölkerung in den meisten *Banlieues* überproportional hoch ist, d.h. bis zu 50% beträgt, dann zeigt sich, dass die Jugendlichen auch überdurchschnittlich stark von Armut, Arbeitslosigkeit und prekären Lebensverhältnisse betroffen sind. Die ökonomische Lage dieser Jugendlichen ist besonders brisant, weil Jugendliche unter 25 Jahre in Frankreich – es sei denn, sie haben ein Kind zu versorgen – keinen Anspruch auf Sozialhilfe haben. Sie sind deshalb dazu verdammt, zu Hause in meist beengten Wohnverhältnissen auszuharren. Hinzu kommt die tagtäglich von außen erfahrene Stigmatisierung ihres Wohnorts als „Banlieue". Die Jugendlichen mit Migrationshintergrund sind außerdem noch mit einer teilweise extremen Diskriminierung konfrontiert, die sie von den Franzosen ohne Migrationshintergrund sowohl innerhalb als auch außerhalb der *Banlieue* erfahren. Bei ihnen verbinden sich die Stigmen *le délit d'adresse* (das Delikt der falschen Adresse) und *le délit de faciès* (das Delikt des Anders-Aussehens), „(...) das für den Betroffenen regelmäßige und unbegründete Identitätskontrollen durch die Polizei zur Folge hat" (vgl. Tietze 2001, S. 129). *Les jeunes de banlieues*, wie man die Jugendlichen und jungen Erwachsenen in den französischen Vorstädten nennt, wachsen insofern mit sich gegenseitig verstärkenden ökonomischen und sozialen Problemen auf. Tagtäglich erfahren sie zudem eine Erniedrigung durch staatliche Institutionen. Die Schulen haben viele Jugendliche längst als verloren aufgegeben, die Jugendzentren und teilweise auch die Vereine vertreten aus der Sicht der Jugendlichen „staatliche Interessen". Sie sind „Agenten des Ausschlusses, zu deren Opfer man geworden ist" (Tietze 2001, S. 130). So beschränkt sich ihr Kontakt auf die Polizei, mit der sie immer wieder in Konflikt geraten, und die Familie, in der sie zum Teil aber auch keinen Rückhalt mehr erfahren. In der *Violence urbaine*, den territorialen Auseinandersetzungen, die sich in Form von Straßenkämpfen, Vandalismus (das Verbrennen der gestohlenen Autos), der Zerstörung öffentlicher Einrichtungen wie Telefonzellen oder Bushaltestellen und in der Kleinkriminalität äußern, sehen sie oft den letzten Ausweg, von dem die meisten auch schon lange wissen, dass er eigentlich keiner ist.

Insgesamt kann man die heutige Situation der Jugendlichen in den Vorstädten durchaus als eine der *Underclass*, der Deprivilegierten bezeichnen[70]. Ihre ökonomische Situation ist oft sehr prekär. Hinzu kommt zur Zeit die Diskussion um die Bedeutung der Religiosität in den *Banlieues*, bei der zusätzliche Stigmata wie patriarchalisches und fundamentalistisches Verhalten bei jungen Männern die Diskussion deutlich verschärfen. Zur ökonomischen kommt dann noch eine soziale bzw. kulturelle Diskriminierung hinzu.

Die wissenschaftliche Reflexion der Situation der Jugendlichen in den *Banlieues*

Die Situation von Jugendlichen wurde in Frankreich vor allem durch die Unruhen in den *Banlieues* seit Beginn der 80er Jahre zu einem ausgiebig diskutierten Thema. Allerdings ging es zunächst einmal um eine Auseinandersetzung um Probleme der Vorstädte, d.h. um Probleme aller Bewohner(innen), die dort wohnten. Eine zielgruppenspezifische Diskussion um die Probleme einzelner

---

70 Die Situation der Jugendlichen in den französischen Vorstädten ist jedoch nicht mit derjenigen der Jugendlichen in den amerikanischen Gettos vergleichbar (vgl. Lapeyronnie 2001, S. 80, Wacquant 2001, S. 486f.).

Bewohner(innen) marginalisierter Quartiere hätte dem republikanischen Prinzip, mit dem die Individualrechte zugunsten der Gruppenrechte in den Vordergrund gerückt werden, deutlich widersprochen. Gemäß der spezifischen philosophischen Auffassung von Nation in Frankreich gehören hierzu alle Menschen mit französischer Staatsbürgerschaft, unabhängig von Geschlecht, Religion, Ethnizität und Kultur. Der Staat betrachtet seine Bürger(innen) als Individuen mit gleichen Rechten (und Pflichten), d.h., die Individuen der Gesellschaft und nicht die einer Gemeinschaft stehen im Vordergrund. Lebensweltliche Elemente wie Kultur, Tradition, Religion und die Entwicklung der kulturellen Identität und der Persönlichkeit sind prinzipiell Bereiche des Privaten. Gemäß des republikanischen Prinzips hat sich die Politik deshalb explizit um die systemische Inklusion zu kümmern. Doch schon die Fokussierung der Problematik auf einen sozialräumlichen Aspekt, wie die sog. *Banlieues,* bedeutete im Grunde eine Abkehr von dem Prinzip des Republikanismus[71], weil dadurch ein spezifischer Ort ins Visier geriet, dem vornehmlich bestimmte Menschen, nämlich *Les exclus* (die Ausgeschlossenen), angehören[72]. Der Ort des Ausdrucks gesellschaftlicher Probleme und der Ort der Bekämpfung dieser Probleme decken sich nahezu[73]. Allerdings ist der Ort der Entstehung dieser gesellschaftlichen Probleme nicht unbedingt in den *Banlieues* selbst zu suchen. Insofern kann man nicht behaupten, dass die Diskussion um Maßnahmen gegen die Krawalle in den Vorstädten dafür prädestiniert ist, das republikanische Prinzip auf diese Weise auf den Prüfstand zu stellen. Aufgrund der zunehmenden Gewaltausbrüche in den *Banlieues* im Laufe der 80er und vor allem der 90er Jahre wurden die Stimmen nach speziellen Maßnahmen jedoch immer lauter. Man erkannte immer mehr, dass es nicht nur ein Motiv für die Eskalation gab, sondern dass zahlreiche Gründe für die zunehmende Gewalt der Jugendlichen zu berücksichtigen sind. Die strukturellen Defizite der Quartiere, der fehlende Zusammenhalt und die zerbrochene Solidarität innerhalb der Arbeitnehmerschaft, aber auch die mediale Berichterstattung über die Quartiere wurden als Gründe für das Verhalten der Jugendlichen genannt.

---

71 Eingewendet wird aber immer wieder, dass das republikanische Prinzip in seiner Reinform nie umgesetzt worden ist. In der Praxis hat es sich immer durch ein „beträchtliches Maß an 'Geschmeidigkeit' ausgezeichnet" (Loch 1999, S. 135). So hat es auch in Frankreich immer wieder Phasen des Nationalismus und des Rassismus gegeben, die dem normativen Anspruch des Prinzips auf ethnische Indifferenz zuwiderlaufen (ebd., S. 119).
72 Zwar wird mit der Förderung der *Banlieues* das Augenmerk auf das Territorium gelegt. Betrachtet man sich aber deren Bevölkerungsstruktur, ist es eine Förderung spezifischer Gruppen.
73 Einschränkend muss jedoch betont werden, dass die Unruhen teilweise auch in die Zentren der Städte transportiert wurden.

Will man die Situation der Jugendlichen treffend widerspiegeln, muss man eindeutig von einer Verkettung schlechter Ausgangsbedingungen sprechen. Von der Effizienz des französischen Integrationsmodells, das jedem Individuum die wirtschaftliche und soziale Integration in die Nation gewährt, ist bei diesen Jugendlichen kaum noch etwas zu spüren. Stattdessen entsteht bei ihnen das Gefühl, dass die Gesellschaft sie schon in jungem Alter nicht mehr braucht. Diskutiert wird deshalb zunehmend die Frage, ob spezifische politische Programme an dieser Situation etwas ändern können.

### 2.2.2   Die Situation in der BRD

In der BRD leben heute etwa 9,5 Millionen Jugendliche bzw. junge Erwachsene zwischen 15 und 25 Jahre. Die meisten dieser Jugendlichen und jungen Erwachsenen besuchen eine weiterführende Schule oder machen eine Ausbildung im Rahmen des dualen Ausbildungssystems. Die Jugendarbeitslosigkeit ist in den letzten Jahren stark angestiegen und die Situation auf dem Ausbildungsstellenmarkt – im September 1998 waren rund 439.000 arbeitslose Jugendliche und 35.000 unversorgte Ausbildungsplatzbewerber(innen) bei der Bundesanstalt für Arbeit gemeldet – ist für viele Jugendliche und junge Erwachsene äußerst prekär. Betroffen sind vor allem junge Menschen ohne eine abgeschlossene Berufsausbildung. 1998 waren 14,7% der 20- bis 30-Jährigen ohne eine abgeschlossene Berufsausbildung in der jeweiligen Altersstufe. Der Anteil der jungen Erwachsenen in den alten Bundesländern war dabei mehr als doppelt so hoch wie in den neuen Bundesländern (16,3% in den alten und 7,3% in den neuen Bundesländern). Der Anteil der Jugendlichen ohne deutschen Pass, der über keine abgeschlossene Berufsausbildung verfügt, ist fast viermal so hoch wie bei den deutschen Altersgenossen (10,5% bei den deutschen gegenüber 39,6% bei den nicht-deutschen jungen Erwachsenen).

Auch in der BRD gehört die Bevölkerungsgruppe der 15- bis 25-Jährigen proportional betrachtet zusammen mit den älteren Menschen zu derjenigen Gruppe, die am ehesten von Arbeitslosigkeit betroffen ist. Der Anteil der Jugendlichen (bis 25 Jahre) an der Bevölkerung in solchen marginalisierten Quartieren ist im Gegensatz zu demjenigen in den französischen Vorstädten allerdings nicht so hoch. In den meisten Vierteln liegt er etwa bei 15-20%; in einigen marginalisierten Quartieren beträgt der Anteil der Jugendlichen unter 25 Jahren manchmal auch 25 bis 30% der Bevölkerung. In den marginalisierten Quartieren ostdeutscher (Groß-)Städte ist der Anteil Jugendlicher aufgrund der starken Ost-West-Migration dieser Bevölkerungsgruppe jedoch deutlich geringer als in den alten Bundesländern. Um einen genaueren Einblick in die Situation der jungen Menschen zu erhalten, sollte man auch hier zunächst nochmal den Blick auf die Quartiere richten, in denen sie wohnen.

Die Situation in den marginalisierten Quartieren anhand einiger Beispiele

Ähnlich wie in Frankreich findet man auch in der BRD eine starke Polarisierung der Regionen. Lange Zeit galt in Bezug auf das Bruttosozialprodukt das Nord-Süd-Gefälle als entscheidend, aufgrund der Vereinigung der beiden deutschen Staaten ist es heute eher ein West-Ost-Gefälle, das den ökonomischen Unterschied innerhalb der BRD markiert. Allerdings leistet diese Differenzierung nur einen sehr groben Einblick, im Grunde muss die Situation detaillierter dargestellt werden. So gibt es z.B. innerhalb Bayerns sowohl sehr reiche Regionen, wie den Raum München, andererseits aber auch eher arme Gebiete wie die Region um Schweinfurt.

Eine Marginalisierung städtischer Quartiere findet man vor allem in den ostdeutschen Großstädten und in den vom Strukturwandel bzw. von ökonomischen Krisen „geschüttelten" Großstädten des Ruhrgebiets. Allerdings gibt es solche Quartiere auch in relativ „reichen" Großstädten wie Frankfurt/Main, Hamburg oder Köln.

In Köln gibt es z.B. mindestens drei solcher Quartiere, auf die ich im Folgenden näher eingehen werde.

Als inzwischen klassisches Beispiel eines marginalisierten Quartiers gilt in Köln die Trabantenstadt *Chorweiler*. Chorweiler ist eine der typischen Großbausiedlungen, die in den 60er und 70er Jahren zur Bewältigung der Wohnungsnachfrage errichtet wurden. Die Großbausiedlungen sind einerseits ein Produkt der Suburbanisation, d.h. der Verstädterung des ländlichen Raumes, und andererseits eine Folge der staatlichen Wohnungsbaupolitik. Sie kennzeichnen sich durch ein sehr technokratisches Planungsverständnis. Der architektonische Charakter wird durch Eintönigkeit, Uniformität und Anonymität bestimmt, aber auch durch eine für „gartenstadtähnliche Siedlungsgebilde" typische klare Gliederung von Arbeiten, Einkaufen, Wohnen und Erholung (vgl. hierzu und im Folgenden Gläßer/Wiktorin 2001, S. 202.). Umgeben ist die Großbausiedlung durch zahlreiche Industrieanlagen: im Norden durch Bayer Leverkusen bzw. Dormagen und im Südosten durch die Ford-Werke in Niehl. Aufgrund der lange Zeit günstigen Mieten in den dort errichteten Sozialwohnungen wohnen in Chorweiler überdurchschnittlich viele Migrant(inn)en (ca. 40%) und Bezieher(innen) von Sozialhilfe (ca. 23%). Die Arbeitslosigkeit ist deutlich höher als im Durchschnitt Kölns. Sie beträgt in Chorweiler ca. 25% im Gegensatz zu etwa 11% im städtischen Durchschnitt. 52% der Bewohner(innen) sind unter 35 Jahre alt und 12% der Haushalte beherbergen fünf oder mehr

Personen. Lange Zeit blieb die Stadt funktional gesehen ein Rohbau. Bis dahin erschien Chorweiler als eine typische Schlafstadt mit einem Hang zum sozialen Getto. Mitte der 80er Jahre wurde Chorweiler sogar zum Symbol einer verfehlten Wohnungspolitik. Zahlreiche Wohnungen standen leer, viele Plätze waren verwaist, die wenigen existierenden Grünanlagen verschmutzen und es mangelte an sozialen und kulturellen Einrichtungen. Inzwischen hat sich das Bild jedoch gewandelt. Im Zuge der Modernisierungs- und Sanierungsmaßnahmen ist das Stadtbild deutlich aufgebessert worden. Die erforderlichen Freizeit- und Kultureinrichtungen (Hallenbad, Bürgerzentrum etc.) wurden gebaut. Es gibt eine schnelle S-Bahn-Verbindung in die Innenstadt und eine direkte Anbindung an mehrere Autobahnen. Die Häuser werden regelmäßig gestrichen, dunkle Hinterhöfe wurden beleuchtet, zahlreiche Grünanlagen sind errichtet worden, so dass viele der Bewohner(innen) sich inzwischen durchaus positiv mit dem Stadtteil identifizieren können. Und gerade die häufig mit Ressentiments begegneten Migrant(inn)en sorgen durch noch relativ intakte Familienstrukturen und einer verhältnismäßig geringen Arbeitslosigkeit für eine gewisse soziale Stabilität.

Ein weiteres, kleineres Quartier, das architektonisch einen vergleichbaren Charakter aufweist, ist das Quartier *Kölnberg* im südlich gelegenen Vorort Meschenich. Meschenich ist erst im Zuge der kommunalen Gebietsreform in den 70er Jahren nach Köln eingemeindet worden. Den Ortsmittelpunkt bestimmen seit Jahren die Kirche und das sich anschließende Fachwerkgehöft. Der eher ländlich wirkende Vorort ist durch Felder und Wald von den südlichen Stadtteilen Kölns abgetrennt. Umso erstaunlicher ist es, dass man nach ein paar Kilometern gen Süden noch auf die Ansammlung von Hochhäusern mit der Bezeichnung „Auf dem Kölnberg" stößt, die einen krassen Gegenpol zum sonstigen Flair Meschenichs bilden. In diesem Neubaugebiet leben in 25-geschossigen Hochhäusern 4.500 Menschen. 80% der Bewohner(innen) sind Migrant(inn)en, ein großer Teil der Menschen in dem Komplex ist arbeitslos und bezieht Sozialhilfe.

Prägnant ist auch noch das im Rahmen des Bund-Länder-Programms Soziale Stadt geförderte innenstadtnahe Gebiet Kalk/Kalk-Post und Vingst/Höhenberg auf der rechtsrheinischen Seite Kölns. Lange Zeit wurde dieses Gebiet durch traditionsreiche Industrieanlagen und Arbeitersiedlungen dominiert. Mit dem Niedergang der Schwer- und auch der chemischen Industrie wurden großflächige Industrieareale abgerissen. Bis zur Entscheidung der Wiedernutzbarmachung dieser Areale vergingen mehrere Jahre. Inzwischen werden die Planungen sukzessive umgesetzt. Krane dominieren nun das Bild dieses Gebiets, auf dem teils Kaufhauszentren, Mietwohnungen, soziale und kulturelle Einrichtungen, Technologieparks oder auch Grünanlagen errichtet werden sollen. Insgesamt ist das Gebiet von einem enormen Umbruch gekennzeichnet. Viele Arbeitsplätze sind weggebrochen, neue entstehen momentan nur sehr langsam. Die Arbeitslosigkeit ist auch hier überdurchschnittlich hoch. Aufgrund einer behutsamen Sanierung der Wohnungen, des Baus einer direkten U-Bahn-Linie zur Kölner Innenstadt und einer breit angelegten Verkehrsberuhigung ist der Wohnwert jedoch deutlich gestiegen. Die Kalker Hauptsraße ist eine Einkaufstraße, die auch von Bewohner(inne)n umliegender Stadtteile gerne aufgesucht wird. Allerdings findet man hier nicht den überdurchschnittlich hohen Anteil junger Leute. Im Gegenteil, in Kalk wohnen viele Senior(inn)en, die schon ewige Zeit dort wohnen und sich einen Wegzug nicht vorstellen können. Viele Kalker empfinden trotz der wirtschaftlich ungünstigen Situation eine hohe Identifikation mit ihrem Stadtteil.

Die Situation der Jugendlichen in den marginalisierten Quartieren

Der Anteil der Jugendlichen an der Bevölkerung in den drei näher dargestellten Quartieren ist – abgesehen von Kalk – überdurchschnittlich hoch. Der hohe Anteil Jugendlicher in solchen Quartieren ist kein Einzelfall, sondern eher die Regel. Da in diesen Quartieren oft über die Hälfte der Bewohner(innen) keinen deutschen Pass besitzt und das generative Verhalten der Bevölkerung mit Migrationshintergrund (noch) höher ist als dasjenige der deutschen Bevölkerung, ist der Anteil der Jugendlichen mit Migrationshintergrund in diesen Quartieren ebenfalls sehr hoch. Allerdings gilt dies nur für die alten Bundesländer, da der Anteil der Bevölkerung ohne deutschen Pass in den neuen Bundesländern immer noch verschwindend gering ist und Jugendliche immer noch stark dazu tendieren, in Großstädte der alten Bundesländer zu migrieren. Im Grunde ist die Situation der Jugendlichen in marginalisierten Quartieren der alten und der neuen Bundesländer aber durchaus vergleichbar. Beide Gruppen sind überdurchschnittlich stark von Arbeitslosigkeit, Armut und schlechten Wohnverhältnissen betroffen. Aufgrund der Überalterung der ostdeutschen Städte betrifft Jugendliche dieses Problem quantitativ aber in einem geringeren Maße als in den alten Bundesländern.

Ein besonderes Problem der Jugendlichen in marginalisierten Quartieren ist auch hier das negative Image des Quartiers, das teils von außen oktroyiert, teils auch von innen reproduziert wird. Ersichtlich wird die Übernahme solcher negativer Sichtweisen durch die Bewohner(innen) z.B. durch eine abgrenzende Haltung gegenüber Migrant(inn)en im Quartier. Die Konfrontation mit dem negativen Image außerhalb des Quartiers wird deutlich, wenn z.B. der Wohnort darüber entscheidet, ob Jugendliche einen Ausbildungs- bzw. Arbeitsplatz erhalten oder nicht.

Politisch-rechtlich betrachtet ist die Situation der ausländischen Jugendlichen und jungen Erwachsenen aufgrund des Staatsangehörigkeitsrechts in der BRD deutlich schlechter. Sie haben keine Möglichkeit, sich im Rahmen des politischen Systems zu artikulieren. Zudem steht ihnen – anders als z.B. in den Niederlanden oder in Belgien – als Kompensation dieser Situation das kommunale Wahlrecht nicht zur Verfügung. In politischen Gremien wie den Ausländerbeiräten ist der Anteil der Jugendlichen verschwindend gering.

Ökonomisch betrachtet ist die Situation der Jugendlichen in marginalisierten Quartieren der BRD etwas besser als in Frankreich. Dies hängt vor allem damit zusammen, dass die sozial-räumliche Segregation in Frankreich sowohl zwischen den einzelnen Regionen als auch innerhalb der Regionen und Städte sehr ausgeprägt ist[74] und die sozialen Sicherungssysteme[75] nur bedingt ein Abrutschen in Armut verhindern. Die Lohnersatzleistungen sind in der BRD meist höher und zeitlich nicht befristet. Allerdings wird sich vermutlich aufgrund der ab 2005 erfolgenden Zusammenlegung von Sozial- und Arbeitslosenhilfe die Situation der Jugendlichen in diesen Quartieren weiter verschlechtern bzw. an diejenige in Frankreich sukzessiv angleichen.

Die wissenschaftliche Reflexion der Situation der Jugendlichen in den marginalisierten Quartieren

In der BRD ist die Thematik im Vergleich zur Situation in Frankreich bisher in der wissenschaftlichen Literatur nur wenig beachtet worden. Wird sie beachtet, dann wird sie häufig mit einem Krisenszenario verbunden (vgl. Eisner 1997, Heitmeyer/Dollase/Backes 1998, Häußermann 1995). Oft findet man auch eine Verknüpfung mit dem Thema der Migration (vgl. Schmals/Heinelt 1997). Dies ist nicht verwunderlich, weil überproportional viele Menschen mit Migrationshintergrund in marginalisierten Quartieren wohnen. Gelegentlich wird die Thematik auch mit dem Thema der Kriminalität in Verbindung gebracht. Dann dominieren Diskurse der „Parallelgesellschaft" bzw. der „ethnischen Gettos" die Analyse der Situation in marginalisierten Quartieren (vgl. Heitmeyer/Müller/Schröder 1997; kritisch dazu Bukow/Ottersbach 1999). Damit einher geht meist eine stark defizitorientierte Perspektive, die gesellschaftliche Ursa-

---

74 Auch diesbezüglich ist Frankreich nicht mit den USA zu vergleichen. Es handelt sich hier um Spaltungstendenzen, die nicht zu einer strikten Trennung der Einwohner(innen) geführt haben und durch die keine eigenständigen *Gegen*gemeinschaften wie Ghettos mit ihren eigenen Institutionen gebildet wurden. Für einen ausführlichen Vergleich vgl. Wacquant 1993, S. 263-277; Vieillard-Baron 2001.
75 Die Leistungen der Arbeitslosenversicherung sind zeitlich befristet und insgesamt sind die Lohnersatzleistungen auf einem niedrigeren Niveau angesetzt als in der BRD.

chen berücksichtigt. Verantwortlich für die Misere der Jugendlichen in diesen Quartieren sind gesellschaftliche Desintegrationsprozesse, die Orientierungslosigkeit insbesondere bei Jugendlichen bewirken und darüber ein bestimmtes Gewaltpotenzial entfalten können. Dieser Automatismus, der auch der Anomietheorie zugrunde liegt, ist empirisch fragwürdig. Er mißachtet individuelle und sehr differenzierte Verarbeitungsmechanismen und wird dadurch zu einer selffulfilling-prophecy.

Das folgende Kapitel wird sich intensiver mit der Thematik der Verbindung von Stadt, Migration und Kriminalität auseinander setzen und vor allem die Gefahr der Stigmatisierung der Jugendlichen durch defizitorientierte wissenschaftliche Diskurse analysieren und problematisieren.

## 2.3 Jugendgewalt in marginalisierten Quartieren

In Bezug auf die Gewalt Jugendlicher in marginalisierten Quartieren haben wir es mit sehr unterschiedlichen Formen der Gewalt zu tun. Zudem sind die Gewaltausbrüche politisch sehr verschieden motiviert. Betrachtet man sich die Situation der Jugendgewalt in Deutschland und Frankreich (vgl. auch Ottersbach 2001f), erkennt man sehr verschiedene Formen und Motive für Gewalt. Während in Frankreich Gewalt in marginalisierten Quartieren sich eher gegen Sachen richtet und als eine Form des Protests zu interpretieren ist, richten sich die Gewaltausbrüche in den marginalisierten Vierteln der BRD eher gegen Menschen. Zudem sind sie rassistisch motiviert (vgl. Ottersbach 2001e)[76].

Bezieht man sich auf die altersspezifischen Angaben der jeweiligen Polizeikriminalitätsstatistiken, so erscheint Gewalt vor allem als ein jugendspezifisches Problem. Die Kriminalitätsrate von Jugendlichen ist im Vergleich zu anderen Altersgruppen sowohl in Frankreich als auch in Deutschland überdurchschnittlich hoch. Gewalt als Symptom der Jugendphase ist in beiden Ländern jedoch hauptsächlich ein männliches Phänomen. Jungen bzw. junge Männer sind in der Regel sowohl Täter als auch Opfer von Gewaltmaßnahmen. Betrachtet man sich die gewaltvollen Ausschreitungen der letzten Jahre in Frankreich und Deutschland, so fällt auf, dass die Parallelen zwischen den beiden Ländern in Bezug auf dieses Problem sich auf die Alters- und die Geschlechtsangabe auch schon

---

76 Zwar gibt es auch in Frankreich rechtsradikale Gewalt und auch in der Bundesrepublik Deutschland gibt es Unruhen in marginalisierten Quartieren der Großstädte, die aufgrund sozialer Ausgrenzung entstehen. Ihr jeweiliges Potenzial ist jedoch wesentlich geringer und wird in der Öffentlichkeit kaum bzw. weniger diskutiert. Zudem scheint das rechtsradikale Potenzial in Frankreich wesentlich stärker von dem Front national und seit der Spaltung der Rechten auch durch den MNR „aufgefangen" zu werden.

beschränken. Denn während man es in Frankreich eher mit einer Gewalt zu tun hat, die von marginalisierten und zu einem großen Teil von Jugendlichen mit Migrationshintergrund in den *Banlieues* verursacht wird, haben wir es in Deutschland immer noch eindeutig mit der Dominanz rechtsradikaler Gewalt zu tun. Auch die Adressaten der Gewaltausschreitungen sind demnach andere: Während in Frankreich sich die Gewalt vornehmlich gegen öffentliche Einrichtungen, Autos oder Busse richtet, zielen die rechtsradikalen Jugendlichen mit ihrer Gewalt vor allem auf die Bevölkerung mit Migrationshintergrund, zunehmend aber auch allgemein auf Menschen, die an den Rand der Gesellschaft gedrängt sind und denen es auch ohne diese Anfeindungen schon schlecht geht.

Von Interesse ist nun die Frage, warum es seit einigen Jahren in Frankreich gerade zu Gewaltmaßnahmen seitens der Jugendlichen mit Migrationshintergrund kommt und warum es in Deutschland schon seit einiger Zeit zu der hohen Zahl rechtsradikaler Gewalttaten kommt, die ausschließlich von Deutschen begangen werden.

In der soziologischen Literatur werden Formen der Jugendgewalt häufig entweder auf der Basis eines makrosoziologisch orientierten Theorieansatzes als Auswirkung sozialer und ökonomischer Ausgrenzung oder als Folge der sich aus der Individualisierung ergebenden Orientierungslosigkeit interpretiert. Das Pathologische wird dabei im gesellschaftlichen und vor allem im sozialen System dingfest gemacht. Oder es wird – rein mikrosoziologisch orientiert – auf sozialpsychologische Ursachen, etwa auf Deprivation, verwiesen. Hier liegt die Pathologie in der psycho-sozialen Entwicklung der Menschen begründet, sei es, dass die Jugendlichen mit autoritären Strukturen in der Familie oder mit anderweitigen Gewalterfahrungen in der Kindheit konfrontiert waren.

Bei allen Theorieansätzen wird jedoch ausschließlich auf die Ursachen der Jugendgewalt rekurriert, das Gewalthandeln selbst, seine interaktiven Aspekte, seine Logik, sein Verlauf und seine Rituale werden hingegen in der Regel ignoriert. Zudem findet bei der Thematisierung der Jugendgewalt sowohl eine Überhöhung von personeller Gewalt als auch eine Tabuisierung von institutioneller Gewalt statt. Denn während Jugendgewalt als personale Gewaltausübung in wissenschaftlichen Auseinandersetzungen Konjunktur hat, fristet die wissenschaftliche Diskussion um institutionelle Gewalt eher ein Schattendasein. Mit diesen ätiologisch orientierten wissenschaftlichen Diskursen wird nun aber nicht nur versucht, ein gesellschaftliches Phänomen zu verstehen bzw. zu erklären. Vor allem in der Allianz mit manchen Medien beeinflussen sie maßgeblich das öffentliche Bild von Gewalt. Denn sowohl in Frankreich, wo das Thema spätestens seit den Ausschreitungen in den französischen Vorstädten Ende der achtziger Jahre aktuell wurde, als auch in der Bundesrepublik Deutschland, wo es spätestens seit dem Erstarken rechtsradikaler Gewalt Anfang der neunziger Jahre immer wieder periodisch in den Medien aufbereitet bzw. skandalisiert worden ist, wird die Thematik der Jugendgewalt in der Öffentlichkeit der beiden Staaten verstärkt diskutiert. Die mediale Aufbereitung des Themas der Gewalt bewirkt dabei zunächst eine Konzentration der öffentlichen Auseinandersetzung auf das Thema der Jugendgewalt und dann auch noch auf spezifische Formen jugendlicher Gewalt, die gleichzeitig eine Zunahme der Gewalt an sich suggerieren, so dass die Medien an der Produktion des öffentlichen Bildes bzw. der öffentlichen Meinung von Jugendgewalt beteiligt sind (vgl. hierzu auch Khosrokhavar/Tietze 1999, S. 243ff.). Eine besondere Effizienz und Brisanz bewirkt eine Allianz aus wissenschaftlichen Diskursen und medialer Aufbereitung, wenn z.B. in einem angesehenen deutschen Nachrichtenmagazin Jugendgewalt auf Aktionen fundamentalistisch orientierter Migrantenjugendlicher reduziert[77] oder in französischen Medien die Jugendgewalt entweder skandalisiert oder sogar konstruiert wird (vgl. Champagne 1997, Champagne 1999).

Eine Kritik bisheriger Deutungsversuche

Gewalttätige Ausschreitungen von Jugendlichen weisen in Frankreich und in Deutschland einerseits jeweils spezifische Formen auf, andererseits finden sie an unterschiedlichen Orten statt. In Frankreich verschiebt sich etwa in der Mitte der siebziger Jahre die soziale Frage von der Arbeiterschaft hin zu einer ökonomisch und sozial bedingten Ausgrenzung, deren Fokus sich insbesondere in den *Banlieues* wiederfindet, in denen wiederum überproportional Menschen mit Migrationshintergrund anzutreffen sind (vgl. Dubet/Lapeyronnie 1992[78], Lapeyronnie 1998). In der BRD nimmt die rechtsradikale Gewalt Anfang der neunziger Jahre rapide zu, als auf politischer Ebene die Diskussion um die Einschränkung des Asylrechts initiiert wurde[79]. Fast zeitgleich zur Forcierung dieser Diskussion auf politischer Ebene beginnen sowohl in West- als auch in Ost-

---

77 So geschehen im Spiegel. Vgl. hierzu die Ausgabe 51/1999.
78 Die These von Dubet/Lapeyronnie lautet eigentlich, dass sich die soziale Frage von der Fabrik in die Stadt verlagert hat. Es geht dabei nicht um die Ausgrenzung von Jugendlichen mit Migrationshintergrund, sondern allgemein um die Redefinition der sozialen Frage in der Gesellschaft. Allerdings sind diese Jugendlichen wiederum am stärksten von der sozialen Frage „betroffen".
79 Allerdings ist dies nur die Spitze des Eisbergs. Denn spätestens seit der „Wende" im Jahr 1982 werden nationalistische Aspekte in die Diskurse der politischen Arena eingeschleust (Bukow (1993) spricht vom „Beginn einer neuen Restauration"). Im Grunde findet hier also eine langwierige Ethnisierung durch sukzessive eingeschleuste nationalistisch orientierte politische Diskurse statt.

deutschland die Anschläge auf Unterkünfte oder Aufenthaltsorte von Migrant(inn)en. Zu diesen Vorkommnissen gibt es in der soziologischen Forschung Deutungsversuche, sowohl die Gewalt der Jugendlichen in marginalisierten Quartieren als auch die Gewalt rechtsradikaler Jugendlicher entweder durch soziale, ökonomische und kulturelle Ausgrenzungsprozesse (Makroperspektive) oder anhand einer sozialpsychologisch orientierten Analyse der Deprivation (Mikroperspektive) zu erklären. Beide Ansätze verkennen jedoch, dass es sich bei der Gewalt der beiden Bevölkerungsgruppen um völlig unterschiedliche Anlässe, Gründe und auch um sehr verschiedene Zielgruppen der Gewalt handelt.

Bei den explizit *makrosoziologischen Theorien* werden solche Gewaltformen häufig auf Marginalisierungsprozesse zurückgeführt, d.h. es wird behauptet, dass Jugendliche, die besonders stark von sozialer Ausgrenzung betroffen sind, schneller gewalttätig werden. Die Beschränkung des Themas auf diese Perspektive der Gewaltursachen verkennt jedoch mehrere Aspekte: *Erstens* kann man nicht im Sinne eines Reiz-Reaktionsschemas auf eine Korrelation zwischen Marginalisierung und Gewaltbereitschaft setzen. Dies würde implizieren, dass zahlreiche Jugendliche, die von ökonomischer, sozialer oder kultureller Ausgrenzung betroffen sind, sozusagen automatisch gewalttätig werden müßten. Empirisch ist diese These nicht haltbar, weil z.B. von Ausgrenzung betroffene Mädchen eher selten kriminell werden und auch nicht alle Jungen in marginalisierten Quartieren zur Gewalt neigen. Die subjektiven Verarbeitungsweisen objektiver gesellschaftlicher Strukturen variieren doch enorm, so dass man hier nur Stereotype erzeugt, statt die einzelnen Gründe der Gewalttätigkeit zu erkennen. *Zweitens* wird damit eine notwendige historische Betrachtung der Gewalt vernachlässigt. Erst wenn man die historischen Entwicklungslinien, die Parallelen und Differenzen der Gewalt in früheren Zeiten und heute betrachtet, wird man dem Phänomen gerecht. Dabei erkennt man, dass z.B. in früheren Zeiten für viele Gewalthandlungen die Begriffe fehlten bzw. solche Aktionen als „normale" Bestandteile des alltäglichen Lebens aufgefasst und insofern auch gar nicht oder weitaus harmloser thematisiert worden sind[80]. Andererseits gibt es tatsächlich neue Formen und Orte der Gewalt, die den Alltag der Menschen wirklich bedrohen und die es insofern auch wert sind, diskutiert zu werden[81]. *Drittens* bleibt die Analyse der inter-

---

80 Hierfür ist gerade die Gewalt in Jugendszenen ein gutes Beispiel. Allerdings sprach man früher nicht von Massenschlägereien zwischen rivalisierenden Jugendbanden, sondern eher von Rangeleien und Keilereien zwischen jungen Burschen (vgl. Hugger 1995, S. 32f.).
81 Hierzu ist sicherlich die Gewalt zu zählen, die Kinder und Jugendliche aufgrund des zunehmenden Straßenverkehrs bedroht oder auch die Gefährdung des Lebens durch Umweltkatastrophen.

aktiven Aspekte der Gewalterfahrungen und der Gewaltanwendungen selbst unberücksichtigt. Damit wird die Sicht auf das konkrete Geschehen, seinen Ablauf und seine Rituale verdeckt. Stattdessen wird sofort auf mögliche Gründe oder Ursachen rekurriert, um die Ordnung zwischen Täter und Opfer wiederherzustellen. Gewalthandeln selbst wird dabei in das „Reich der Barbarei" verdrängt und somit tabuisiert. *Viertens* gibt es institutionelle Formen der Gewalt, die dazu beitragen können, dass Gewalt, wie sie in den städtischen Revolten in Frankreich und in den rechtsradikalen Anschlägen in West- und Ostdeutschland vorkommt, erst entsteht. Mit anderen Worten: Man muss also den Blick auf die Mitte der Gesellschaft und hier vor allem auf die Institutionen, aber auch auf die Wissenschaft und manche Medien lenken, um an die Ursachen von Gewalt bzw. an das Bild der Öffentlichkeit von Gewalt überhaupt heran zu gelangen. Die interaktive Perspektive, d.h. die Produktion von Diskursen sollte deswegen stärker in den Vordergrund der Analyse gerückt werden. Allerdings darf man auch hier nicht den Fehler des Reduktionismus begehen, sondern man muss sorgfältig schauen, welche institutionellen Einflüsse vorliegen und wirksam sind, d.h. welche Diskurse tatsächlich bewirken, dass Jugendliche gewalttätig werden. Um dies zu erkunden, sind quantitative Methoden ungeeignet. Um die Variabilität zwischen objektiven gesellschaftlichen Strukturen und subjektiver Verarbeitungsmodi genau zu erkunden, bietet sich ein methodisches Repertoire an, das aus dichter Beschreibung, teilnehmender Beobachtung und qualitativ orientierten, narrativen Interviews besteht (vgl. v. Trotha 1997).

Mit ähnlichen Problemen sind auch die rein *mikrosoziologische Perspektive* bzw. der psychopathologische Theorieansatz konfrontiert, wenn die Gründe rechtsradikaler Meinungen, Verlautbarungen und Gewaltaktionen in der Deprivation Einzelner gesucht werden. Jugendliche, die unter eingeschränkten ökonomischen Verhältnissen oder in unvollständigen Familien aufwachsen, die selbst geschlagen oder autoritär erzogen wurden, tendieren – so einige Forscher(innen) – fast automatisch zu rechtsradikalem Gedankengut und sind sozusagen für den Eintritt in das Milieu vorprogrammiert. Dabei wird stillschweigend davon ausgegangen, dass Gewaltbereitschaft und rechtsradikales Gedankengut in solchen Milieus produziert und konsumiert wird. Bei einer genaueren Analyse lässt sich jedoch feststellen, dass die Eckpfeiler solchen Gedankenguts – instrumentelles und strategisches Handeln, Leistungsideologie, Distanz gegenüber Fremden, Sicherheitsdenken, Abschottung – eher in den Schmieden der Hochschulen, von Bankangestellten, Manager(inne)n und Versicherungsvertreter(inne)n oder von Ärzt(inn)en verbreitet werden, also eher in der Mitte der Gesellschaft anzusiedeln sind. Schon vor einigen Jahren wurde von kritischen Forscher(inne)n festgestellt, dass die Gewalt in unserer Gesellschaft genauso in der Mitte der Gesellschaft, d.h. im gesellschaftlichen Establishment und in den gesellschaftlichen Institutionen produziert wird[82].

### Eine genauere Analyse der Situation in Frankreich und in der BRD

Um eine genauere Analyse des aktuellen Gewalthandelns zu betreiben, sei zunächst noch einmal auf das Phänomen verwiesen: Während wir es in den französischen Vorstädten vornehmlich mit einer Jugendgewalt zu tun haben, die maßgeblich von Jugendlichen mit Migrationshintergrund verübt wird, denen eine angemessene institutionelle Partizipation auf ökonomischer, sozialer und bildungspolitischer Ebene verwehrt wird, haben wir es in der BRD bei der rechtsradikalen Gewalt doch weniger mit dem Fehlen an Partizipationsmöglichkeiten als vielmehr mit einer spezifisch militärischen, männlich fixierten rechten Kultur zu tun, die ihre Ursprünge in der aus der Mitte der Gesellschaft resultierenden Vermischung konservativer Tugenden und Werte (Disziplin, Ordnung, Distanz zum Fremden etc.) hat und die zudem mit einer gut organisierten Infrastruktur ausgestattet ist. Wir haben es hier zudem mit zwei völlig verschiedenen Anlässen zu tun: Während auf der einen Seite in Frankreich die Gewalt Ausdruck sozialer und ökonomischer Probleme ist und sich gegen die von der Politik bzw. vom Staat eingesetzten Repräsentant(inn)en und ihre Symbole richtet, haben wir es in Deutschland mit einer Gewalt zu tun, die eher ein Ausdruck von Hass, Ressentiment und Angst gegenüber Bevölkerungsgruppen ist, die selbst von sozialen Problemen betroffen sind, von den rechtsradikalen Gewalttätern aber genau wegen der Beanspruchung staatlicher bzw. sozialer Leistungen terrorisiert werden. Rechtsradikale Gewalt richtet sich insofern nicht gegen den Staat und seine Institutionen, sondern gegen Minderheiten, denen der Staat und seine Institutionen im Grunde nicht gerecht wird.

Deutlich wird hier auch schon, dass es sich bei der Gewalt der Jugendlichen in Frankreich und in der Bundesrepublik Deutschland um eine völlig andere Logik handelt. Denn die Gewalt der Jugendlichen in Frankreich richtet sich gegen die Institutionen des Staates und deren Repräsentanten, *weil* diese ihrer Aufgabe der gesellschaftlichen Integration nicht genügend nachkommen. Sie setzen Gewalt als Mittel ein, um sich gegen eine institutionelle Diskriminierung selbst zu wehren. In der Bundesrepublik Deutschland hingegen richtet sich die Gewalt der rechtsradikalen Jugendlichen gegen ethnische Minderheiten, *obwohl*

---

82 Diese These ist zweifellos nicht neu. Vgl. hierzu z.B. die Untersuchungen von Demirovic/ Paul 1994 bzw. von Grimm/Ronneberger 1994. Auch Bielefeld (1993) hat darauf hingewiesen, dass es sich bei der Gewalt von Rechts um ein institutionelles Problem handelt, nämlich um die Institutionalisierung eines Identitätsprogramms in der BRD, wie sie in der alten Gesetzgebung zum Ausländerrecht deutlich wurde.

die staatlichen Institutionen ihrer Aufgabe der gesellschaftlichen Integration in Bezug auf diese Minderheiten nicht ausreichend erfüllen. Hier haben wir es also mit einer schon existierenden institutionellen Diskriminierung der Bevölkerung mit Migrationshintergrund zu tun, die seitens der rechtsradikalen Jugendlichen noch verstärkt bzw. auf die Spitze getrieben wird. Den rechtsradikalen Jugendlichen geht die ehedem schon bestehende institutionelle Diskriminierung der Bevölkerung mit Migrationshintergrund also nicht weit genug. Deshalb meinen sie, dass sie die Sache selbst in die Hand nehmen müssen, indem sie beispielsweise Hetzjagden, Totschläge oder gar Morde begehen.

In *Frankreich* tritt Gewalt vornehmlich in marginalisierten Quartieren zutage, also dort, wo die Jugendlichen wohnen bzw. ihren Alltagsmittelpunkt haben und wo sie ihre potenziellen Gegner vermuten: in staatlichen Institutionen wie der Schule oder in Jugendzentren, aber auch gegen die Polizei auf der Straße oder in malls, wo sie ihren Hass gegen die Symbole der Konsumgesellschaft herauslassen[83]. In solchen Institutionen oder an solchen, den gesellschaftlichen Hedonismus widerspiegelnden Orten scheinen sich zur Zeit ökonomische, soziale und kulturelle Probleme zu potenzieren (vgl. Dubet/Lapeyronnie 1992, Lapeyronnie 1998). Die Realisierung der republikanischen Prinzipien wird von den Jugendlichen mit Migrationshintergrund als unzulänglich empfunden, weil die fundamentalen Prinzipien der ökonomischen und sozialen Teilhabe nicht angemessen verwirklicht werden. Vor allem seit den Bombenanschlägen in Lyon und Paris im Herbst 1995 ist die Stimmung derart „aufgeheizt", dass die sonst übliche Interaktion gestört ist, ja die Fähigkeit zur zivilisierten Austragung von Konflikten sowohl bei den Jugendlichen als auch bei den Vertreter(inne)n der staatlichen Institutionen abhanden gekommen zu sein scheint (vgl. Tietze 1999). Die Zuspitzung der Lage führt dann auf beiden Seiten zu nur noch binär wahrgenommenen und interpretierten Verhältnissen. Von außen erscheinen diese Quartiere dann als „Gegengesellschaften", obwohl sie nach innen häufig ein fast unsichtbares, kompliziertes Netzwerk aus Gruppen, die manchmal sogar einander feindlich gesonnen sind, bilden. Ähnlich verhält es sich mit der Binnenperspektive. Das „Außen" wird auf eine homogene Masse reduziert, die bekämpft werden muss. Die Ursache der Entstehung dieser nahezu abgeschotteten autonomen Netze, die innerhalb der lokalen Gesellschaft eine erhebliche Eigendynamik entwickeln und deshalb auch kaum mehr von „außen" (Sprache, Arbeit, Bildung, Soziale Kontrolle, Partizipation

---

83 In zahlreichen „cités" sind die öffentlichen, sozialen und schulischen Einrichtungen Gegenstand einer fast alltäglichen, insbesondere von Jugendlichen mit Migrationshintergrund ausgeübten Gewalt geworden. Zudem tendiert diese Gewalt zunehmend dazu, das gesamte Leben in den Quartieren zu strukturieren, mit der Konsequenz, dass das Unsicherheitsgefühl und das Verlangen nach Repression verstärkt wird.

usw.) tangiert werden können[84], liegt in einer massiven Ausgrenzung, die durch ökonomische, soziale und ethnische Kriterien gekennzeichnet ist und erhebliche Konsequenzen mit sich zieht[85]. Allerdings sind an diesem Prozedere nicht nur die Jugendlichen und die von ihnen kritisierten Vertreter(innen) der staatlichen Institutionen wie Schule oder Polizei beteiligt, sondern auch die Medien, die durch ihre skandalisierende Art der Berichterstattung den Riss in der Gesellschaft verstärken und verfestigen. Ist das Alltagsleben vom Leben außerhalb des Quartiers dann erst einmal abgeschottet, reduzieren sich fast automatisch die Interaktion und damit auch die Kommunikation auf das Innere, auf bestimmte Gruppen oder einzelne Personen. Die gesellschaftliche Inklusion, die lebensweltliche Anerkennung und die politische Gleichstellung – einmal aufgekündigt – lassen sich dann kaum noch reorganisieren. An ihre Stelle tritt der auf sich selbst beschränkte Kontakt, die Reduktion des Alltagshandelns auf den Kreis „Gleichgesinnter". Hier findet eine sozio-ökonomisch bedingte Territorialisierung der Städte bzw. der Vororte und Quartiere statt, wobei sowohl die marginalisierten als auch die wohlhabenden Quartiere jeweils von außen als homogenes soziales und kulturelles Milieu wahrgenommen und auch etikettiert werden. Diese „insularen Wir-Gruppen" sind Folge einer Revitalisierung des neo-feudalen Prinzips, das sich mit den Kriterien postmoderner Gesellschaften (Individualisierung, Pluralisierung und Globalisierung) nicht vereinbaren lässt. Denn dieser Prozess gefährdet den gesellschaftliche Zusammenhang, vor allem, weil die Menschen mit Migrationshintergrund zunehmend in diese marginalisierten Orte gedrängt werden und der Gettocharakter[86] hinsichtlich der sozialen und ökonomischen Perspektive dadurch verstärkt wird. Gettobildungen sind somit keineswegs eine zwangsläufige Nebenfolge modernen gesellschaftlichen Wandels, sondern stellen vielmehr eine kontrafaktische Entwicklung dar. Mit der damit verbundenen Bedrohung zivilgesellschaftlicher Errungenschaften wird die gettoisierte Bevölkerung an einer angemessenen Partizipation ökonomischen, sozialen und kulturellen Kapitals gehindert. Damit erscheint Ausgren-

---

84 Das heißt, dass die staatlichen Institutionen zwar weiterhin existieren, jedoch nahezu keinen Einfluss mehr auf die Bevölkerung mit Migrationshintergrund ausüben können (vgl. Lapeyronnie 1998).
85 Es ist offensichtlich, dass die Gewalt in den französischen Vorstädten sicherlich auf systemisch bedingter Ausgrenzung beruht. Der Blick der Forscher(innen) sollte sich beim Thema „Gewalt" aber dennoch auf das konkrete Geschehen in den relevanten Institutionen richten, da nur hier die interaktiven Aspekte der Gewalterfahrungen und der Gewalthandlungen sichtbar und somit auch kritisierbar werden.
86 In den USA ist die Gettoisierung sicherlich am extremsten. Manche Forscher sprechen angesichts des auch migrationsbedingten Verelendungsniveaus in amerikanischen Großstädten bereits von „Hyperghettoization" (vgl. Wacquant/Wilson 1992).

zung nachhaltig verfestigt, weil mit ihr zugleich die Bedingungen der Möglichkeit zur Reintegration zerstört werden.

In der *Bundesrepublik Deutschland* liegt die Hauptproblematik jedoch anders. Hier basiert die Gewalt hauptsächlich auf rechtsradikalen Motiven. Sie konzentriert sich hauptsächlich dort, wo sich Migrant(inn)en aufhalten, in der Nähe von Asylbewerberheimen, in Gegenden, in denen überwiegend Migrant(inn)en wohnen oder sich gerade aufhalten. Im Gegensatz zur Gewalt in den französischen Vorstädten haben wir es in der BRD bei der rechtsradikalen Gewalt nicht notwendigerweise mit einem Mangel an sozialer und ökonomischer Partizipation zu tun[87], sondern vielmehr mit einer männlich fixierten rechten Kultur, die ihr institutionelles Gefüge inhaltlich in einer Vermischung konservativer Tugenden und Werte (Disziplin, Ordnung, Distanz zum Fremden etc.) und formal in einer straff organisierten militärischen Infrastruktur vorfindet. Statt entweder rein makrosoziologisch nur die gesellschaftlichen Verhältnisse oder – rein mikrosoziologisch – sozialpsychologische Ursachen für Gewalt verantwortlich zu machen, müssten auch hier stärker die konkreten Interaktionen in den Vordergrund der Analyse gerückt werden. Wissenschaftliche und politische Diskurse, die in gewissen zeitlichen Abständen immer wieder medial aufbereitet werden, haben maßgeblich zur Entstehung eines öffentlichen Bildes von rechtsradikalen Jugendcliquen beigetragen. Hier existiert inzwischen ein homogenes Bild von rechtsradikalen jugendlichen Skinheads, deren vermeintliche Gruppenzugehörigkeit erst durch die öffentlichen Diskurse zu einem solidarischen Ganzen kreiert worden ist. Denn im Grunde setzen sich z.B. auch die Skins aus ganz unterschiedlichen Gruppen zusammen (vgl. z.B. die Differenzierung zwischen „unpolitischen, musikorientierten Skins, antirassistischen Sharp-Skins, linken Read-Skins, Gay-Skins" bei Liell 1999). Erst durch die wissenschaftliche Beachtung und durch die mediale Inszenierung ihrer Taten zu Aktionen des Rechtsradikalismus schlechthin entstand das öffentliche Bild einer homogenen Subkultur. Zur Entstehung dieses homogenen Bildes hat auch die Art und Weise der Diskussion der Themen Migration und Asyl in unserer Gesellschaft beigetragen, die entweder von einem nationalistisch orientierten Politikbild geprägt ist oder sogar tabuisiert wird[88]. Und wenn überhaupt über

---

[87] Betrachtet man sich das soziale Umfeld gewaltbereiter Jugendlicher, so erkennt man, dass diese aus sehr verschiedenen Milieus stammen (vor allem aus dem aufstiegsorientierten, dem traditionslosen Arbeitermilieu, dem hedonistischen und dem neuen Arbeitnehmermilieu; vgl. hierzu Heitmeyer 1994, S. 36). Alle diese Milieus sind nicht unbedingt von sozialer oder ökonomischer Marginalisierung betroffen.

[88] So war z.B. lange Zeit die Gruppe der Kurd(inn)en mit solchen Diskursen konfrontiert. Ohne auch nur im Entferntesten auf ihre Situation einzugehen, wird in Bezug auf diese Gruppe in den, die öffentliche Meinung maßgeblich bestimmenden Medien von „Konfliktimport", von der „Störung der öffentlichen Ordnung" oder von der „Grenze der Belastbarkeit" gesprochen.

die Themen in der Öffentlichkeit debattiert wird, so sind die Diskurse, unter denen die Themen summiert werden, vor allem von ökonomischen und zweckrationalen Gesichtspunkten bestimmt. Dies signalisiert nicht nur die Unterteilung zwischen Asylbewerbern und Migrant(inn)en, sondern auch die Differenzierung zwischen „nützlichen" und „belastenden" Einwanderinnen und Einwanderern. Migrant(inn)en werden solange nicht als Problem wahrgenommen, wie sie eben den „Interessen der Bundesrepublik Deutschland" dienen. Auch Gewalt ist, solange sie sich im Privaten abspielt (zwischen Eheleuten oder zwischen Eltern und Kindern) oder institutionell verankert ist (Diskriminierung durch das Ausländergesetz, durch fehlende bürgerliche und kulturelle Rechte etc.) unproblematisch. Erst wenn sie individuell und öffentlich erscheint, wird Gewalt als Problem wahrgenommen. Dann werden die Menschen (und auch die Politiker(innen)) aufmerksam und fordern den „starken Staat", der dann mit neuen Gesetzen und Verboten oder auch mit „von oben" inszenierten zivilgesellschaftlichen Aktionen wie den „Aufstand der Anständigen" die öffentliche Ordnung wiederherstellen soll.

---

Manch einflussreiche Persönlichkeit hat sogar einen direkten Bezug zwischen den Kurd(inn)en und dem Terrorismus der RAF hergestellt. Generell wird von Seiten der Medien dabei immer nur die sichtbare Seite der Probleme interpretiert, die Gründe dieser Konflikte werden jedoch völlig ignoriert.

# 3. Politische Programme zur Integration marginalisierter Quartiere in der BRD und in Frankreich

Wenn die Inklusion der Individuen marginalisierter Quartiere sowohl auf systemischer, auf diskursiver bzw. verständigungsorientierter als auch auf lebensweltlicher Ebene eingeschränkt ist, dann müssten die erforderlichen Maßnahmen Veränderungen auf systemischer, diskursiver und lebensweltlicher Ebene beinhalten.

Obwohl eine Veränderung auf allen drei Ebenen notwendig ist, müssten auf politischer Ebene sozusagen die Weichen gestellt werden, um positive Veränderungen auf den anderen Ebenen zu erreichen. Insofern werden ich mich im nächsten Abschnitt besonders dem politischen System einerseits und den erforderlichen Maßnahmen andererseits zuwenden.

Auf politisch-rechtlicher Ebene ist in Bezug auf die BRD zunächst einmal die Reformierung des Staatsangehörigkeitsrechts anzuführen, die inzwischen umgesetzt wurde. Die Chancen für eine schrittweise, aber tatsächliche Inklusion der Bevölkerung mit Migrationshintergrund stehen deshalb nicht schlecht[89]. Zwar werden die über Jahre hinweg gebildeten Ressentiments gegenüber der Bevölkerung mit Migrationshintergrund sich nur langsam abbauen. Zumindest wurde aber ein wesentlicher Schritt in die richtige Richtung getan.

Der rechtliche Status der Bevölkerung mit Migrationshintergrund ist vor allem hinsichtlich der ausländerrechtlichen Kriterien noch weiter zu verbessern. Da eine *strukturelle* Assimilation der allochthonen Bevölkerung über das Wahlrecht seit dem Urteil des Bundesverfassungsgerichts im Jahr 1990 nicht mehr möglich ist, müssten das ius soli und – aus pragmatischen Gründen – auch die doppelte Staatsangehörigkeit als Regelfall eingeführt werden. Sowohl die Einbürgerung als auch die doppelte Staatsangehörigkeit sollten aber unabhängig

---

89 Deutlich wird hier, daß zumindest eine Verbesserung der rechtlichen Situation Inklusion erst ermöglicht und nicht umgekehrt, wie es im Entwurf der CDU/CSU-Fraktion gegen das geplante Gesetz zur Einbürgerung und zur doppelten Staatsbürgerschaft angedeutet ist. Inklusion in diesem Sinne wäre eine reine Anpassung, die dann irgendwann einmal in Form der Einbürgerung belohnt würde.

von der Erwerbssituation der Betroffenen erlangt werden können[90]. Diese Veränderungen werden die Partizipation der allochthonen Bevölkerung wahrscheinlich erheblich verbessern und darüber auch einen Integrationsschub auslösen[91]. Zudem sind – und dies gilt auch für Frankreich – die sozialen, wirtschaftlichen und arbeitsmarktpolitischen Umstände zu reformieren. Dazu gehören zunächst einmal die Offenlegung und die Kritik des Ausmaßes der konkreten Armutslagen. Eine weitere Verbesserung der Lebenssituation setzte voraus, dass sowohl Bildungsmaßnahmen ausgeweitet, Ausbildungs- und Arbeitsplätze in ausreichendem Maße geschaffen, die Niedrigeinkommen angehoben und die Aufstiegschancen vor allem von allochthonen Mädchen verbessert werden müßten. Und bevor Vollbeschäftigung zu einer utopischen Vorstellung degradiert wird, sollten endlich Modelle einer neuen Arbeitsverteilung und der Arbeitszeitverkürzung erforscht und erprobt werden (Bäcker 1990, S. 393).

Um alle diese Forderungen einzulösen, sind sowohl in der BRD als auch in Frankreich spezielle politische Programme initiiert worden, die im Folgenden präsentiert werden.

## 3.1  Politische Programme in Deutschland

In der BRD ist der politische Umgang mit urbaner Segregation weniger schillernd als in Frankreich. Allerdings beginnt eine sich explizit mit marginalisierten Quartieren auseinander setzende Politik auch erst wesentlich später als in Frankreich. Jahrelang war explizit die Sozialpolitik für Ausgegrenzte zuständig. Der Armutsproblematik wurde mit Transferzahlungen wie Lohnersatzleistungen und Sozialhilfe begegnet.

Für (sozial) benachteiligte Jugendliche war und ist die Jugendhilfe zuständig. Sie hat seit Jahren vor allem eine Art Feuerwehrfunktion und erlangt ihre Bedeutung in der Regel erst dann, wenn die Probleme der Klienten bereits offenkundig sind. Mit Hilfe zahlreicher zielgruppenspezifischer Maßnahmenprogramme (für Familien, für Mädchen, für Jungen, für bildungsschwache, für arbeitslose oder für kriminelle Jugendliche) hat die Jugendhilfe seitdem versucht, den besonderen Belangen der Einwohner(innen) marginalisierter Quartiere zu begegnen. Mit der Durchsetzung des Lebensweltbezugs als neues Paradig-

---

90  Denn sonst würde vor allem den sozio-ökonomisch Benachteiligten, zu denen vor allem Frauen zählen, eine Einbürgerung verwehrt.
91  Zu diesem Ergebniss gelangt eine von Diehl, Esser und Urbahn angefertigte Studie der Friedrich-Ebert Stiftung (vgl. 1998, S. 54f.).

ma im Kinder- und Jugendhilfegesetz von 1991 wurde ein ganzheitliches Denken und ein sozialräumlich orientierter Ansatz in der Jugendhilfe etabliert. Die Angebote wurden dezentralisiert und eine Vernetzung verschiedener, bisher getrennt stattfindender Angebote im Stadtteil wurde angestrebt. Es entstand eine engere Kooperation zwischen Schule und Jugendhilfe, die sich vor allem in Projekten der Schulsozialarbeit bemerkbar machte. Zudem wurde der Partizipationsaspekt im Kinder- und Jugendhilfegesetz verankert. Kinder und Jugendliche sollen an der Entwicklung der sie betreffenden Angebote beteiligt werden. Es entstanden zahlreiche neue Formen der Partizipation für Kinder und Jugendliche, auf die ich später noch genauer eingehen werde. Als weitere wichtige Erneuerung wurde dem Jugendhilfeausschuss die Jugendhilfeplanung eingeräumt. Seitdem steht ein fundiertes Instrument zur Planung jugendhilfespezifischer Maßnahmen zur Verfügung.

Die Kinder- und Jugendhilfemaßnahmen sind abgesehen von den erwähnten Transferzahlungen nur ein Bestandteil des integrierten und quartiersbezogenen Handlungsansatzes, der sich in den Kommunen immer deutlicher durchsetzt. Da die Kommunen aufgrund ihrer desolaten finanziellen Situation selbst nicht in der Lage sind, Fördermittel für besondere Programme zur Verbesserung der Situation in marginalisierten Quartieren aufzubringen, sind die einzelnen Länder bzw. der Bund in der Pflicht.

Flankiert werden die kommunalen Maßnahmen der Sozialhilfe und der Maßnahmen gemäß dem Kinder- und Jugendhilfegesetz (KJHG) deshalb seit Beginn der 90er Jahre durch länderspezifische und seit Ende der 90er Jahre auch durch besondere bundesplitische Maßnahmen.

### 3.1.1 Länderspezifische Programme

Im Jahr 1993 wurden zunächst von NRW, später von Hessen und den Stadtstaaten Hamburg, Bremen und Berlin unter den Titeln „Armutbekämpfungsprogramm", „Soziale Stadtentwicklung" oder „Stadtteile mit besonderem Erneuerungsbedarf" Programme auf den Weg gebracht, die eine explizite Förderung marginalisierter Quartiere vorsahen. Mit diesen Programmen sollte der wissenschaftlich fundierten Erkenntnis begegnet werden, dass ein sektorales Vorgehen, getrennt nach verschiedenen Politikbereichen (Stadtplanung- und -erneuerung, Sozialpolitik, Kinder- und Jugendhilfe, Wirtschafts- und Arbeitsmarktpolitik) den komplexen Lebenslagen der Menschen in marginalisierten Quartieren nicht mehr gerecht werden kann. Auch in der Politik setzte sich immer stärker ein sozialräumlicher Ansatz durch, demzufolge die Probleme der Bewohner(innen) nicht mehr nur als konjunkturell bedingt angesehen und durch einzelne wohlfahrtsstaatliche Maßnahmen bekämpft werden können, sondern nur noch durch eine Vernetzung bestehender Maßnahmen und durch Partizipation der Beteiligten angegangen werden können.

Für den Stadtstaat Hamburg sind im Rahmen des dortigen Programms „Armutsbekämpfung in Hamburg" spezielle Maßnahmen für marginalisierte Quartiere entwickelt worden. Das als Quartiers- oder Stadtteilmanagement bezeichnete Maßnahmenbündel besteht nach Alisch (1997, S. 349f.) aus vier Segmenten: der Ressourcennutzung des Quartiers, der horizontalen Vernetzung zwischen Fachressorts, der vertikalen Vernetzung innerhalb der verschiedenen Verwaltungsebenen und einer Verbindung der Verwaltung mit dem privaten Sektor. Die Funktion der Verwaltung wird in diesem Bündel neu definiert. Es geht darum, das sektorale Vorgehen der Verwaltung zugunsten eines integrierten Ansatzes aufzugeben. Vorgesehen ist eine detaillierte Abstimmung und Vernetzung sowohl horizontaler als auch vertikaler Art. Zum einen soll die Arbeit der einzelnen kommunalen Fachbereiche besser abgestimmt werden. Zum anderen geht es darum, sämtliche Maßnahmen der Jugendhilfe sowohl innerhalb einer Stadt als auch innerhalb eines Quartiers besser zu koordinieren. Auch die Privatwirtschaft soll in das Quartiermanagement eingebunden werden. Einige Projekte versuchen, zwischen privatwirtschaftlichen Akteuren und Vereinen der Kinder- und Jugendarbeit zu vermitteln. Social Sponsoring und Fundraising sind Maßnahmen, die eine solche Verbindung von Vereinstätigkeit und privatwirtschaftlichem Engagement implizieren.

Ein weiterer wichtiger Bestandteil des Quartiermanagements ist die Bewohnerorientierung. Die Potenziale, Kompetenzen und Aktivitäten der Bewohner(innen) sollen in das Zentrum der Maßnahmen gerückt werden. Es geht darum, die Mitwirkungsmöglichkeiten der Bewohner(inn)en bei sämtlichen, sie betreffenden Fragen, Planungen und Problemen auszubauen und besser bekannt zu machen.

Eine besondere Funktion erhalten im Rahmen des Quartiermanagements die so genannten Mittler(innen). Sie sollen an einer zentralen Stelle die verschiedenen Interessen und Bedürfnisse der Menschen im Stadtteil bündeln, diskursive Prozesse anregen und moderieren und die geplanten Maßnahmen öffentlichkeitswirksam präsentieren und koordinieren.

Als eine der ersten Maßnahmen verabschiedete die 1998 gewählte rot-grüne Koalition 1999 ein bundesweites Programm, in dem die einzelnen Länderprogramme aufgingen. Im Jahr 2000 startete dann das Bund-Länder-Programm „Stadtteile mit besonderem Entwicklungsbedarf – Die Soziale Stadt".

## 3.1.2 Bundespolitische Programme

Die bereits aus einzelnen Länderprogrammen bekannten und dort erprobten Eckpfeiler „Vernetzung" und „Partizipation" werden sodann auch die Kernpunkte des neu aufgelegten und immer noch durchgeführten Bund-Länder-Programms mit dem Titel „Stadtteile mit besonderem Entwicklungsbedarf – Die Soziale Stadt" (abgekürzt „Die soziale Stadt"). Dieses Programm ist die Fortentwicklung der Städtebauförderung, bzw. deren sozialer Ziele (vgl. hierzu und im Folgenden Walther 2002, S. 26). Schon das 1971 als Reaktion auf die während der sechziger Jahre stattfindende Verdrängung der Wohnbevölkerung aus den Stadtgebieten verabschiedete Städtebauförderungsgesetz (StBauFG) beinhaltete neben finanziellen, rechtlichen und technischen Aspekten der Städteförderung auch eine soziale Schutzfunktion für die Bevölkerung. Informations-, Schutz- und vor allem Mitwirkungsrechte waren zentrale Bestandteile dieses Gesetzes. Die Planung sollte demokratisiert werden, d.h., Planungen und Planungsalternativen sollten in transparenter und verständlicher Form aufbereitet und in der Öffentlichkeit diskutiert und abgestimmt werden. Seitdem sind Information, Optionen der Planung, Kompensation und Partizipation allgemeine und selbstverständliche Prinzipien der sozialen Stadtentwicklung geworden.

Allerdings fußte das Städtebauförderungsgesetz noch auf der Annahme einer Kombination der wachstumsorientierten Innenstadtentwicklung und einer sozialstaatlichen Abfederung. Die neueren Ansätze und Programme sind mit wirtschaftlicher Stagnation und Schrumpfung konfrontiert. In Quartieren, in denen das Programm „Die Soziale Stadt" greifen soll, geht es weniger um eine Abwehr der Verdrängung aus den betroffenen Stadtteilen, sondern um eine Stabilisierung des Zustands. Damit wird gleichzeitig ein gewisses Armutspotenzial im Quartier akzeptiert. Arbeitslosigkeit wird nicht mehr als ein temporäres Problem, sondern als ein mehr oder weniger kompensierbarer Dauerzustand interpretiert. Verhindert werden soll jedoch ein weiterer sozialer Abstieg der Bevölkerung, bzw. eine weitere Abwanderung besser gestellter Schichten. Auch der Inhalt von Partizipation hat sich gewandelt:

„Es geht nicht um die Beteiligung als Mobilisierung *gegen*, sondern Beteiligung als Aktivierung *für* etwas – zum Beispiel Projekte, die sonst gar nicht erst entstehen würden" (Walther 2002, S. 28).

Zudem sind die neuen Programme ressourcenorientiert, d.h. es soll nicht mehr nur von außen, beispielsweise durch Transferleistungen, geholfen werden, sondern die Menschen sollen aktiviert werden, die Quartiere von innen heraus, d.h. durch die internen Potenziale, zu verbessern.

Mit Hilfe eines quartierbezogenen Ansatzes werden in dem Programm „Die Soziale Stadt" seit 1999 161 Gebiete in 120 Städten aller Bundesländer speziell gefördert. Im Programmjahr 2002 sind es bereits fast 300 Maßnahmen in 215 Städten und Gemeinden (vgl. Walther 2002, S. 30f.). Das Hauptziel dieses Programms ist es, marginalisierte Quartiere zu selbständig lebensfähigen und lebenswerten Stadtteilen zu verhelfen. Die besondere Herausforderung, die mit dem Programm verbunden ist, betrifft vor allem das Handeln auf Verwaltungsebene. Hier geht es darum, die Reduktion auf die jeweiligen Ressorts aufzugeben und finanzielle und personelle Ressourcen für eine integrierte Politik zur Verfügung zu stellen. Daneben gilt es, das zivilgesellschaftliche Engagement der Bewohner(innen) zu ermöglichen, zu entfalten und ernst zu nehmen und die Bedeutung der lokalen Ökonomie aufzuwerten.

Erste Evaluationsergebnisse und Zwischenbilanzen (vgl. Deutsches Institut für Urbanistik 2003, Walther 2002, S. 36f.) weisen darauf hin, dass es auch in diesem Programm Ambivalenzen sowohl rechtlicher als auch politischer Art gibt, die einen Erfolg des Programms deutlich einschränken.

Ein weiteres Bundesprogramm bezieht sich nochmals ausdrücklich auf die Situation von Jugendlichen in marginalisierten Quartieren. Das Programm „Entwicklung und Chancen junger Menschen in sozialen Brennpunkten" (E&C) verfolgt das Ziel, die im Rahmen des Programms „Soziale Stadt" ausgewählten Gebiete auf jugendspezifische und vor allem auf jugendhilfepolitische Belange zu evaluieren. Erste Zwischenergebnisse qualitativer Studien des Deutschen Jugendinstituts (Deutsches Jugendinstitut 2002) zeigen, dass in vielen Gebieten die Vernetzung zwar relativ gut funktioniert, dass das Zugeständnis an Partizipation den betroffenen Bürgern von Seiten der Verwaltung aber bisher nur sehr halbherzig zugestanden wird. Studien zur Bereitschaft von Kindern und Jugendlichen, sich an direkten Verfahren der politischen Partizipation zu beteiligen, zeigen jedoch, dass das Engagement der jeweiligen Gruppen – vorausgesetzt, die Möglichkeiten werden bekannt gemacht und die Bereitschaft der Jugendlichen wird ernst genommen – stark vorhanden ist[92]. Manche dieser direkten Formen der politischen Partizipation wie z.B. Jugendparlamente oder -foren existieren schon seit mehreren Jahren und gehören inzwischen zur politischen Landschaft wie die Parteien, die Vereine oder die Verbände. Problematisch sind allerdings weiterhin deren Bekanntmachung und Organisation und die bisher nur selten erfolgte wissenschaftliche Evaluation solcher Verfahren (vgl. hierzu Ottersbach 2003a, S. 309).

---

92 Zu einem solchen Ergebnis gelangen auch die letzten Shell-Jugendstudien (Jugendwerk der Deutschen Shell 1997, Deutsche Shell 2000) und die Geislingen-Studie (Ueltzhöffer 1996).

Ein weiteres Problem des Bundesprogramms ist auch, dass der ausgewählte sozialräumliche Ansatz des Quartierbezugs immer noch zu eng ist. Auch die Lebenswelt der Menschen in marginalisierten Quartieren hört nicht an der Grenze eines solchen Quartiers auf. Im Gegenteil, auch in marginalisierten Quartieren ist, vorausgesetzt die erforderliche Verkehrsinfrastruktur ist vorhanden, die Mobilität der Einwohner relativ groß und die Institutionen, die in ihrem Alltag eine Rolle spielen, sind weit verstreut und auch die Lebensstile der Bewohner(innen) sind vielfältig.

Weitere wichtige bundespolitische Programme, die sich gegen Jugendarbeitslosigkeit richten, sind die Programme „Jump" und „Jump plus". „Jump plus" ist ein Programm der Bundesregierung zur Bekämpfung von Jugendarbeitslosigkeit, das 1999 eingeführt worden ist. Die Bundesregierung wollte mit diesem Programm jedes Jahr 100.000 arbeitslose junge Leute zwischen 15 und 25 Jahren in Arbeit oder Qualifizierung bringen. „Jump plus" knüpft an das Sofortprogramm „Jump" an. Es wurde im Juli 2003 mit dem gleichen Ziel gestartet und läuft noch bis Ende 2004.

Die anhaltend schlechte Wirtschaftslage und die gestiegene Arbeitslosigkeit treffen Jugendliche besonders hart. Deshalb richtet sich das Programm „Jump plus" an Jugendliche zwischen 15 und 25 Jahren, in der Regel an die Empfänger(inn)en von Sozialhilfe oder Arbeitslosenhilfe. Diese können durch das Programm ein berufsorientierendes Angebot oder ein Qualifizierungsangebot bekommen. Mit rund 300 Millionen Euro jährlich werden kommunale Eingliederungsmaßnahmen finanziert. Außerdem werden zusätzliche Sachbearbeiter(inn)en zur Betreuung der Jugendlichen eingestellt. Im Rahmen der Zusammenlegung von Arbeitslosen- und Sozialhilfe werden so genannte Fallmanager(innen) die Jugendlichen betreuen und beraten. Sie bilden eine einheitliche Anlaufstelle. Die Jugendlichen müssen sich nicht mehr entweder an das Arbeitsamt oder an das Sozialamt wenden.

Eine weitere Maßnahme gegen Jugendarbeitslosigkeit ist das „Job-AKTIV-Gesetz". Dessen Eckpunkte sehen speziell für den weiteren Abbau der Jugendarbeitslosigkeit folgende konkreten Maßnahmen vor:

1. Durch die Zahlung eines Lohnkostenzuschusses an die Arbeitgeber(innen) soll die berufliche Eingliederung von benachteiligen Jugendlichen erleichtert werden. Das gilt sowohl für Jugendliche ohne Ausbildungsabschluss, wenn für sie eine Erstausbildung nicht mehr in Betracht kommt, als auch für Jugendliche, die nach Beendigung einer außerbetrieblichen Ausbildung keine Arbeitsstelle finden. Durch die Zahlung einer „Vermittlungsprämie" an Bildungsträger, soll der vorzeitige Übergang benachteiligter Auszubildender aus einer außerbetrieblichen in eine betriebliche Ausbildung gefördert werden. Die „Vermittlungsprämie" wird je Vermittlung 2.000 Euro betragen.

2. Mit Hilfe einer Verbindung von berufsvorbereitenden Bildungsmaßnahmen der Bundesanstalt für Arbeit (BA) und dem praxisorientierten Element „Arbeit und Qualifizierung für (noch) nicht ausbildungsgeeignete Jugendliche" soll der Übergang aus der Berufsvorbereitung in die Ausbildung verbessert werden. Dieses Element kombiniert ein sozialversicherungspflichtiges Betriebspraktikum mit einer berufsvorbereitenden Bildungsmaßnahme in Teilzeit.

3. Durch niedrigschwellige Angebote sollen Jugendliche in das Erwerbsleben eingegliedert werden, die bisher von den Förderangeboten des Arbeitsamtes nicht erreicht wurden. Dies wird unterstützt, wenn sich Dritte (in der Regel die Kommunen) an der Finanzierung mit 50% Prozent beteiligen.

4. Weiterhin sollen durch beschäftigungsbegleitende Hilfen Jugendliche unterstützt werden, die Schwierigkeiten bei der betrieblichen Eingliederung haben.

5. Durch die verstärkte Förderung des Nachholens von Hauptschulabschlüssen in berufsvorbereitenden Bildungsmaßnahmen der Bundesanstalt für Arbeit sollen mehr Jugendliche den Hauptschulabschluss erreichen. Das ist insbesondere wichtig, weil der Anteil von Jugendlichen ohne Hauptschulabschluss unverändert hoch ist. Die Bemühungen der Länder, Jugendliche regulär zum Hauptschulabschluss zu führen, sollen damit unterstützt werden.

## 3.2 Politische Programme in Frankreich

Spezielle jugendpolitische Konzepte und Maßnahmen gab und gibt es in Frankreich im Grunde keine. Allerdings betreffen die Maßnahmen der *Politique de la Ville* in einem sehr großen Maße auch Jugendliche. Auch die *Schulpolitik* versteht sich als eine Politik, die eben auch Jugendliche als spezifische Gruppen betrifft. Hier zeigen sich einmal mehr die Auswirkungen des republikanischen Prinzips, das eben keine direkte Förderung spezifischer Gruppen zulässt, sondern auf die Unterstützung (staatlicher) Institutionen zielt, deren Auftrag die Förderung aller Bewohner(innen) eines Quartiers oder eben alle Schüler(innen) sein kann.

In diesem Abschnitt werde ich mich zunächst der *Politique de la ville* widmen. Anschließend werde ich auf die *Schulpolitik* eingehen und zum Schluss noch *sonstige Maßnahmen* vorstellen, die für Jugendliche in den französischen Vorstädten relevant waren bzw. sind.

## 3.2.1  Die *Politique de la ville*

Wie bereits kurz erwähnt, bezogen sich politische Programme in Frankreich lange Zeit prinzipiell nicht auf bestimmte Gruppen, weil eine Förderung bestimmter Gruppen mit dem republikanischen Prinzip nicht vereinbar war (vgl. hierzu auch Donzelot/Estèbe 1994). Gemäß diesem Prinzip erfolgt die Inklusion über die Anerkennung gleicher Rechte für alle Staatsbürger Frankreichs. Das „jus soli" bewirkt, dass alle in Frankreich geborenen Menschen automatisch die französische Staatsbürgerschaft erhalten und somit zumindest politisch integriert werden. Sozusagen als Gegenleistung fordert der Staat ein politisches Bekenntnis der Bürger zu den republikanisch-laizistischen Werten, bei denen lebensweltliche Aspekte wie Kultur, Sprache oder Religion in den Bereich des Privaten gehören. Auch die ökonomische und soziale Integration haben aufgrund der Zunahme des Wohlstands lange Zeit funktioniert. Angesichts der zunehmenden Konzentration gesellschaftlicher Probleme in den *Banlieues* hat man jedoch inzwischen erkannt, dass das französische Integrationsmodell in eine Krise geraten ist. Der Zustand in den *Banlieues* wird sozusagen als Ausdruck dieser Krise gesehen. Als Konsequenz wurde bereits Anfang der 80er Jahre ein Programm aufgelegt, dass zumindest den Ort als Ziel von spezifischen Maßnahmen ansah: die *Politique de la Ville*. Diese Art Stadtpolitik zielt vor allem auf eine Verbesserung der Situation in den *Banlieues* und soll darüber auch die Krise der Republik entschärfen bzw. beheben. Seitdem lassen sich die politischen Programme aufgrund der Verörtlichung der Problematik in den letzten Jahren als eine Konzession an das Prinzip der Gruppenrechte lesen, mit der Konsequenz einer positiven Diskriminierung der betroffenen Orte. Damit einher geht die Einschränkung des republikanischen Prinzips. Die *Politique de la Ville* hat – vergleichbar mit dem bundesdeutschen Programm der Förderung von „Stadtteilen mit besonderem Erneuerungsbedarf" – einen hermetisch abgegrenzten Bereich als Zielort ihrer Interventionen vor Augen. Er umfasst die traditionellen Arbeiterquartiere, die sich in einem desolaten Zustand befindenden innenstädtischen Quartiere, Großwohnsiedlungen am Rande der Städte und Orte des Sozialen Wohnungsbaus. Mit dem Maßnahmenprogramm der *Politique de la Ville* wurde das Quartier zum bevorzugten Ort staatlicher Interventionsprogramme gemacht. Welche Quartiere gefördert wurden, wurde von der Seite der Regierung nach den Kriterien der Statistik entschieden. Dabei stehen zwei Aspekte im Vordergrund: das Gebiet und die Einwohner.

Ziel der Programme war es lange Zeit vor allem, durch ökonomische Maßnahmen die gesellschaftliche Inklusion und durch die Gründung von Vereinen auch die soziale Integration der Bewohner(innen) der *Banlieues* zu fördern. Später ist man auch dazu übergegangen, ihre Situation durch eine Mobilisierung zur politischen Partizipation zu verbessern.

Entwicklung der *Politique de la ville*

Aufgrund der immer häufiger auftretenden Krawalle und Unruhen in den zahlreichen Quartieren vornehmlich großer Städte musste von politischer Seite reagiert werden. Unter Präsident Mitterand wurde entschieden, in den besonders betroffenen Zonen besondere Maßnahmen zu entwickeln, die gezielt die dortige Situation verbessern sollten. Damals analysierte man das Problem zunächst als ein konjunkturelles Problem, verbunden mit dem Faktor eines marginalisierten Milieus. Man meinte, dass die Unruhen Ausdruck der ökonomischen Rezession, der Zunahme der Arbeitslosigkeit, der Armut und der Fragmentierung sozialer Beziehungen waren.

Schon in den 70er Jahren wurde als Reaktion auf die in die Kritik geratene Bauweise der *Grands Ensembles* ein staatliches Programm mit dem Titel *L'habitat et la vie sociale* (Wohnen und soziales Leben) aufgelegt. Stadtplanerische Aspekte und die Wohnungsfrage standen im Mittelpunkt der Ansätze. Und auch schon damals hatte man die Verbindung von Wohnen und jugendlichem Aufruhr hergestellt. Dennoch dauerte es noch bis in die 80er Jahre, bis erste konkrete Maßnahmen zur Behebung der Situation in den *Banlieues* entwickelt wurden. Einen entscheidenden Anstoß zu den folgenden Maßnahmen lieferten die Jugendunruhen im Juli 1981. Die ersten *Rodeos* (Autojagden) entstanden in der Agglomeration von Lyon. In den drei *Banlieues Vaulx-et-Velin*, *Vénnisieux* und *Villeurbanne* stahlen Jugendliche Autos, fuhren mit ihnen durch die Stadt, lieferten sich Verfolgungsjagden mit der Polizei und zündeten die Autos anschließend an. In Lyon, Marseille und Avignon wurden innerhalb von 3 Monaten ca. 250 Autos zerstört. Ausgangspunkt der damaligen Unruhen war, dass bei einer Verfolgungsjagd Autodiebe durch die Polizei zu Tode kamen. Seitdem gab es immer wieder auch Todesopfer durch Polizeiaktionen, die dann wiederum neue Ausschreitungen bewirkten.

*Antoine Anderson* und *Hervé Vieillard-Baron* (2000, S. 16) beschreiben vier Entwicklungsphasen von Maßnahmen[93], die sich auf die jeweilige Situation in den *Banlieues* beziehen. Alle Maßnahmen nehmen auch mehr oder weniger konkret Bezug auf die Situation der dort lebenden Jugendlichen, schon allein

---

93 In der Einleitung sprechen die Autoren zunächst von drei, später differenzieren sie aber zwischen vier Phasen.

deshalb, weil der Anteil der Jugendlichen in den *Banlieues* relativ hoch ist[94]. Damit begann eine bis dahin für Frankreich untypische neue Politik. Man konzentrierte sich auf räumliche Aspekte, d.h. man entdeckte die *Banlieues* als Orte der Probleme und kreierte Programme zur Verbesserung der Situation in den *Banlieues*. Zunächst blieb – wie selbstverständlich für ein System, das nach dem Prinzip eines zentralisierten Republikanismus organisiert ist – der „Staat als Animateur" aktiv.

Die erste Phase beginnt im Oktober 1981 und endet im März 1986. Auf der Basis dreier, vom damaligen sozialistischen Premierminister *Pierre Mauroy* in Auftrag gegebenen Berichte, des Berichts von *Hubert Dubedout* über die Situation in den Quartieren, des Berichts von *Bertrand Schwartz* über die Integration der benachteiligten Jugendlichen und des Berichts von *Gilbert Bonnemaison* über die Prävention der Delinquenz, werden erste Maßnahmen zur Förderung benachteiligter Quartiere festgelegt. Als Reaktion auf die zunehmende Problematik der Exklusion sollten möglichst allgemeine Maßnahmen entwickelt werden. Sie sollten die soziale, urbane, kulturelle und ökonomische Situation in den Quartieren verbessern und richteten sich vor allem an Jugendliche. Im Juli 1981 kommt es auf der Basis eines Entscheids des Erziehungsministeriums zur Gründung der *Zones d'Éducation en Priorité/ZEP* (Zonen mit besonderem Erziehungsbedarf), das sind die Gebiete, in denen die Situation vordringlich mittels spezieller Erziehungsmaßnahmen verbessert werden soll. Im Mai 1982 installiert der damalige Justizminister, *Roger Badinter*, eine Bürgermeisterkommission, die sowohl generelle als auch konkrete Vorschläge gegen das Unsicherheitsgefühl in den *Banlieues* entwickeln soll. Ihr Vorsitzender, *Gilbert Bonnemaison*, organisiert über 400 Sitzungen und verschickt ca. 800 Fragebögen an die Bürgermeister der betroffenen *Banlieues*. Daraufhin wurden 700 *Conseils Communaux de Prévention de la Délinquance/ CCPD* (Kommunalräte für die Prävention gegen Delinquenz) gegründet und durch den *Conseil National de Prévention de la Délinquance/CNPD* (Nationalrat für die Prävention gegen Delinquenz) organisiert. Es ist das erste Mal, dass die Oberbürgermeister, die Polizei, die Justiz und die Sozialarbeit in einem Rat zusammenarbeiten (vgl. Donzelot/Estèbe 1994). Die Kommunalräte bekommen die Aufgabe, Maßnahmen der Prävention und der Solidarität durch Förderung bürgerschaftlichen Engagements und durch Unterstützung jugendlicher Aktivi-

---

[94] Allerdings gab es im Rahmen der Stadtpolitik auch spezielle Maßnahmen nur für Jugendliche. Auf diese werden wir im nächsten Punkt gesondert eingehen.

täten zu entwickeln[95]. Erwähnenswert ist auch die Aktion „Banlieues 89"[96]. Im Dezember 1983 wird erneut eine Debatte über die Zukunft der *Banlieues* entfacht. Sie zielt vor allem auf eine Verbesserung der Beteiligung der Einwohner(innen) in Bezug auf die Architektur der Quartiere und auf die Unterstützung örtlicher Initiativen. Zwischen 1984 und 1985 wird die *Opération prévention été*, eine Art Freizeitprogramm für Schüler(innen) während der Sommerferien, initiiert. Ca. 10.000 Jugendliche können in Urlaub fahren, weitere 100.000 Jugendliche werden während der Sommermonate in örtlichen Freizeitstätten betreut. In Jugendzentren werden die Öffnungszeiten verlängert und auf die Wochenenden ausgedehnt. Ab 1985 werden diese Maßnahmen in die Freizeitpolitik der einzelnen Kommunen integriert[97].

Von 1984 bis 1987 findet eine Festigung der Verträge zwischen dem Staat und den Kommunen statt. Es beginnt die zweite Phase, weil ab sofort ein dezentrales Prinzip eingeführt wird. Von nun an sind die Kommunen für die Entwicklung der Quartiere zuständig. Neben der partiellen Verabschiedung vom republikanischen Prinzip durch die bereits genannte positive Diskriminierung der Förderung bestimmter Quartiere in Form der Stadtpolitik ist diese Veränderung von einem zentralistischen zu einem föderalen Prinzip ein weiterer, völlig neuer Aspekt in der französischen Politik. 148 Quartiere sind Nutznießer der Verträge zwischen Staat und Kommunen und werden durch diese neue Regelung gefördert. Die auf nationaler Ebene neu gegründete *Comité Interministeriel pour les Villes/CIV* (Interministerielle Kommission für die Städte) ist für die Koordination aller Stellen zuständig. Durch dezentrale Aktionen – allerdings unter einem weiterhin zentral verwaltetem Budget – sollen die Solidarität und der Zusammenhalt innerhalb der Städte gefördert, gegen gesundheitsschädliche Einflüsse und Gefahren gekämpft und innovative Konzepte des Urbanismus und des Wohnen erprobt werden.

Die dritte Phase datieren *Anderson* und *Vieillard-Baron* von Juni 1988 bis zum Mai 1995.[98] Während dieser Phase und insbesondere nach den erneuten Unruhen im Jahr 1990 wird den Verantwortlichen immer klarer, dass es sich nicht mehr um eine konjunkturelle Problematik handelt, sondern um eine gesellschaftspolitische. Der *Conseil National des Villes/CNV* (Nationalrat der Städte)

---

95 Heute sind die Kommunalräte weitgehend durch die *Contrats Locaux de Sécurité/CLS* (Lokale Maßnahmen für die Sicherheit) ersetzt worden.
96 Die Zahl bezieht sich auf das Jahr 1789 und ist eine Anspielung auf die französische Revolution.
97 Später wird diese Maßnahme in *Ville-Vie-Vacances* (Stadt-Leben-Ferien) umbenannt und auf alle Schulferien ausgedehnt.
98 Zwischen dem März 1986 und dem Juni 1988 kam es aufgrund der Kohabitation kaum zu Veränderungen.

und die *Délegation Interministeriel à la Ville/DIV* (Interministerielle Delegation der Städte) werden gegründet mit der Aufgabe, die Aktionen der verschiedenen Ministerien miteinander zu koordinieren und zu verbinden. Solidaritätsprogramme werden durchgeführt, um Delinquenz vorzubeugen. Neu aufgelegte präventive Maßnahmen orientieren sich an der Verbesserung der Infrastruktur, der Renovierung der Wohnungen, der Erneuerung des Urbanismus, der Eingliederung durch den Sport, der Verbesserung der schulischen Unterstützung und an speziellen Maßnahmen der ökonomischen Integration. Die Orientierung der Programme geht weg vom Quartier hin zur Agglomeration. 1992 wird *Bernard Tapie* Stadtminister. In nur einem Monat entwickelt er folgende Maßnahmen:
a) den *Service national ville* (Nationaldienst der Stadt) in den sog. sensiblen Quartieren: 4000 Menschen werden als Hilfspolizist(inn)en oder Erzieher(innen) eingesetzt,
b) alle Quartiere erhalten jeweils eine große Firma als Paten[99],
c) Bürgerhäuser und Kommunalräte werden errichtet bzw. neu belebt; sie sind dafür zuständig, dass die Quartiersbewohner(innen) beraten und betreut werden. Im Jahr 1993 werden die finanziellen Mittel für die Stadtpolitik radikal erhöht, es werden ca. 7,2 Milliarden Franc ausgegeben, das ist 14% mehr als im Vorjahr und etwa 2,5 mal so viel wie 1990. Noch im selben Jahr kommt es zum Regierungswechsel. Unter der Regierung *Jacques Chirac* kommt es zur Gründung eines *Ministère des Affaires sociales, de la Sainté et de la Ville* (Ministerium für soziale Angelegenheiten, Gesundheit und Stadt). Unter der Ministerin *Simone Veil* werden die Schwerpunkte Wohnungssanierung und Kampf gegen Drogen in Angriff genommen. Im September 1995 werden acht Orte in Frankreich in das europäische Städteförderprogramm URBAN aufgenommen.

Die vierte Phase datieren die Autoren von 1996 bis 2000. Sie ist durch eine Re-Zentrierung der Verantwortung für die Stadtpolitik gekennzeichnet. Nach der Wahl im Mai 1995 wird *Jaques Chirac* zum Präsidenten gewählt. Unter seiner Regierung wird ein *Plan Marshall pour les Banlieues* (Marshall-Plan für die Vorstädte) entwickelt. Es wird ein *Ministère de l'Intégration et de la Lutte contre l'Exclusion* (Ministerium der Integration und der Bekämpfung der Exklusion) gegründet. Ein *Chargé de l'Action humanitaire d'Urgence* (Staatssekretär für dringende humanitäre Aktionen) und ein *Chargé des Quartiers en Difficulté* (Staatssekretär für die sog. sensiblen Quartiere) werden ernannt. Im Oktober 1995 werden vier Schwerpunkte festgelegt:
a) der öffentliche Dienst und das Polizeiaufgebot sollen in den Quartieren verstärkt werden, um die Sicherheit der Einwohner zu gewährleisten,

---

99 Diese Maßnahme blieb jedoch ein Wunsch, der nicht umgesetzt wurde, da die meisten Betriebe sich nicht darum kümmerten.

b) die Arbeitssituation und die ökonomischen Aktivitäten sollen durch die Öffnung kleiner Läden und durch Steuersenkungen von Industriebetrieben unter bestimmten Bedingungen (Programm: *Zone Franche* 1997) verbessert werden,
c) eine heterogene Sozialstruktur soll forciert werden und
d) mit Hilfe der Vereine sollen die Kontakte zwischen den Institutionen und den Einwohnern und zwischen den Einwohnern selbst verbessert werden.

Mit der Wahl von *Lionel Jospin* zum Premierminister im Jahr 1997 wird das Stadtministerium wieder abgeschafft. Alle Ministerien sollen sich für die Stadtpolitik verantwortlich fühlen. Es wird eine Bilanz der bisherigen Stadtpolitik gezogen. Der stigmatisierende Effekt der positiven Diskriminierung durch die Stadtpolitik wird reflektiert und kritisiert. Um eine positive Diskriminierung einzuschränken, sollen nicht mehr nur die benachteiligten Quartiere gesondert gefördert werden. Die Maßnahmen der *Politique de la ville* sollen nun für alle Quartiere gelten. Ziel ist es jetzt, vor allem die Arbeitslosigkeit auf kommunaler Ebene anzugehen. 700.000 *Emploi-jeunes*[100] sollen bei den Kommunen, den Departments oder den Regionen in Krankenhäusern, in Vereinen oder bei den Gewerkschaften eingerichtet werden. Im Jahr 2000 wird ein neues Gesetz mit dem Titel *Solidarité et Renouvellement Urbain/SRU* (Solidarität und urbane Erneuerung) verabschiedet, mit dem jede Kommune verpflichtet wird, 20% Sozialwohnungen anzubieten, um gegen die urbane Segregation anzukämpfen.

Der aktuelle Stand der *Politique de la Ville*

Inzwischen ist man durch die Evaluation der bisherigen Maßnahmen von einem experimentellen Status zu einer Institutionalisierung der neuen Förderstrukturen übergegangen. Dadurch sind teils bestehende Institutionen gestärkt, teils auch neue intermediäre Institutionen entstanden, die den Alltag im Quartier nun maßgeblich mitgestalten.

Die Maßnahmen haben zum einen weiterhin die Funktion einer Art Feuerwehr, zum anderen zielen sie aber auch auf eine Umstrukturierung der lokalen Politik. Zur Zeit gibt es eine ganze Reihe kommunaler Politikfelder, in denen die *Politique de la Ville* verankert ist (vgl. Donzelot/Estèbe 1994, Loch 1999). Sie folgen dem Prinzip, zwischen Staat und Markt auf der einen und den Bürger(innen) auf der anderen Seite so genannte intermediäre Einrichtungen zu schaffen. Realisiert wurden z.B. die *Régies de Quartier* (öffentliche Unternehmen auf Quartiersebene), die *Missions locales* (Vermittlungsstellen für Arbeit

---

100 Davon werden ca. 20% für die Arbeit in marginalisierten Quartieren eingesetzt.

und Qualifizierungsmaßnahmen), die *Entreprises d'insertion* (Beschäftigungsgesellschaften) oder die *Associations intermédiaires* (Beschäftigungsvereine), die vor allem die (Re-) Inklusion in den Arbeitsmarkt sicher stellen sollen. So werden z.B. Arbeitslose in zeitlich befristeten Arbeitsverträgen für Arbeiten der Verschönerung des Quartiers, d.h. der Häuser, der Wohnungen und des nahen Umfelds, oder für einfache Arbeiten in Betrieben eingestellt. Das Problem ist jedoch, dass durch diese Maßnahmen die Arbeitslosigkeit nur temporär bekämpft werden kann. Es handelt sich dabei um mit in der BRD vergleichbaren Arbeitsbeschaffungsmaßnahmen, die Arbeitslosigkeit immer wieder hinauszögern, aber nicht nachhaltig verhindern. Zudem werden mit den Maßnahmen Jugendliche, die sich von der Schule und dem Arbeitsmarkt längst verabschiedet haben, zurückgezogen leben oder sich auch in Banden organisieren, nur sehr selten angesprochen. Vor allem aber gehen sie an den Bedürfnissen der Quartierbewohner(innen), die zum Teil inzwischen relativ erfolgreiche Wege gefunden haben, sich selbst zu organisieren, häufig vorbei.

Eine weitere wichtige aktuelle Maßnahme der Stadtpolitik ist die Gründung von Vereinen als intermediäre Instanzen zwischen Bürger(innen) und Staat. Sie sollten die Funktion einer „Gewerkschaft der Lebensräume" erhalten (vgl. Donzelot/Estèbe 1994). In den Vereinen werden Jugendliche und junge Erwachsene, meist mit Migrationshintergrund, beschäftigt, um auf der einen Seite den Kontakt zu den marginalisierten Jugendlichen herzustellen und zu halten und auf der anderen Seite die Interessen des Staates, seine Gesetze und Normen zu vermitteln.

Durch die Stärkung der intermediären Institutionen soll auch die *Citoyenneté* (der Aspekt der Bürgerschaft) hervorgehoben, neue Kommunikationskulturen geschaffen und die ethnische Vielfalt in den Quartieren stärker als bisher anerkannt werden. Nicht nur die Vereine, auch andere Partizipationsmöglichkeiten wie Stadtteilversammlungen und Bürgerräte, Runde Tische und sonstige Informationsveranstaltungen werden angeboten, um die Bürger(innen) der *Banlieues* stärker als bisher in die Öffentlichkeit einzubinden. Es geht mit anderen Worten um eine Stärkung der Funktion des *Citoyen*, der dazu mobilisiert werden soll, seine Angelegenheiten selbst zu regeln und die des Quartiers stärker mitzubestimmen. Denn nicht nur die unzureichende soziale Inklusion scheint ein vorrangiges Problem der Quartierbewohner(innen) zu sein, sondern auch die soziale und politische Partizipation im Sinne einer Anerkennung in der städtischen Öffentlichkeit.

Im Rahmen eines 1998 erschienenen sehr ausführlichen Berichts von *Jean-Pierre Sueur* werden sämtliche bisherige Maßnahmen ab 1981 bilanziert. *Sueur* entwickelte zudem einen neuen Maßnahmenkatalog, der 50 einzelne Maßnahmen enthält. Adressaten der Förderung sollen nicht mehr nur benachteiligte

Quartierbewohner(innen), sondern alle Schüler(innen) sein. Es kommt zur Gründung eines *Réseaux d'Éducation Prioritaire/REP* (Netzwerk zur prioritären Erziehung), das für die Förderung der Schüler zuständig ist. Von nun an spielen neben der Förderung der Schüler(innen) nur noch die Vereine eine besondere Rolle in der Stadtpolitik (vgl. auch Whitol de Wenden 1998, S. 396).

Inzwischen ist die Euphorie, die mit der Installation der Vereine geweckt wurde, wieder etwas zurückgegangen. Das Thema der politischen Partizipation scheint an Brisanz zu verlieren zugunsten jener Maßnahmen, die wieder stärker die Gruppen selbst betreffen, wie z.B. die Maßnahmen der Drogenprävention, der Pflege ethnischer Solidarität, schulische Betreuung, Freizeitgestaltung und Bekämpfung der alltäglichen Ausgrenzung (vgl. Whitol de Wenden 1998, S. 394). Ein Grund, warum das Vereinsleben später wieder nachließ, wird auch der Entwicklung der *Beurs*-Bewegung zugeschrieben, auf deren Bedeutung ich später noch näher eingehen werde.

### 3.2.2. Die Schulpolitik

Am Beispiel der Schulpolitik, der Politik der ZEP (Zonen mit besonderem Erziehungsbedarf), lässt sich die These konkretisieren, dass die französische Jugendpolitik im Grunde genommen eine Politik gegenüber denjenigen Institutionen ist, die das jugendliche Leben bestimmen. Jugendpolitik äußert sich als eine Politik, mit der in diesem Fall die Schule, im anderen die Familie, in einem weiteren die Stadtquartiere oder eben auch der Arbeitsmarkt aktiv gefördert werden[101]. Mit ihren rund 500 ZEP ist die französische Schul- oder Bildungspolitik heute das wichtigste Standbein der Jugendpolitik. In Anlehnung an *Philippe Estèbe* könnte man diesbezüglich die Vorstadtschüler(innen) als eine vierte Konzeption von „Jugend" hinzufügen. Statistisch betrachtet haben diese Schüler(innen) schlechtere Aussichten auf einen (guten) Schulabschluss als die Altersgenossen besser situierter Familien, sie wiederholen häufiger ein oder mehrere Schuljahre und haben allgemein mehr Leistungsschwierigkeiten in der Schule.

---

101 Wie bereits kurz erwähnt, kann es gemäß des republikanischen Prinzips im Grunde keine Jugendpolitik geben. Politik gegenüber Jugendlichen wird ausschließlich durch die genannten Institutionen betrieben, denen deshalb ein besonderer integrativer Auftrag zukommt. Die Schule spielt in Frankreich bei der gesellschaftlichen Integration wiederum eine Vorreiterrolle, weil alle Schüler(innen) sie durchlaufen müssen und alle unabhängig von ihrer Kultur, ihres Geschlechts, ihrer Religion und ihrer Ethnizität gleich behandelt werden sollen. Sie ist sozusagen die wichtigste Integrationsmaschine der republikanischen Philosophie für das Jugendalter.

Die Politik der *ZEP* ist seit nunmehr zwanzig Jahren die französische Antwort auf das sozial und räumlich ungleich verteilte Problem des sog. *Échec scolaire*, des Schulversagens[102]. Sie ist eine Politik der positiven Diskriminierung, die in der Hauptsache darauf basiert, den *ZEP*-Schulen mehr Mittel zu Verfügung zu stellen. In der Regel bekommen diese Schulen mehr Lehrer(innen), um kleinere Klassen einrichten zu können und die Arbeitsbedingungen in der Klasse für die Schüler(innen) ebenso wie für die dort tätigen Lehrer(innen) zu verbessern. Die staatlichen Gelder fließen aber auch in die Renovierung der Gebäude, in die Einrichtung von Dokumentations- und Informationszentren sowie in die schulinterne Hausaufgabenhilfe und die Vernetzung der Schule mit im Quartier tätigen Vereinen und anderen kommunalen Einrichtungen. In der sozialwissenschaftlichen Betrachtung der *ZEP*-Politik und ihrer Umsetzung durch die Lehrerkollegien, Schulleiter(innen) etc. in den Schulen wird allerdings immer wieder unterstrichen, dass diese Politik nicht unbedingt ihre Früchte trägt. Die Studien von *Georges Felouzis/Olivier Cousin* (2002), *Marie Duru-Bellat/François Dubet* (2000) *oder Agnès van Zanten* (2001) zeigen, dass der wichtigste Beitrag zum schulischen Erfolg der Jugendlichen von der Mobilisierung der Akteurinnen und Akteure in der Schule abhängt, es also einen *Éffet établissement* (Effekt der spezifischen Schule) in der Karriere der Schüler(innen) gibt. Meist erdrückt aber schon das ständige *turnover* der Lehrer(innen) diese, für die Zukunft der Schüler(innen) doch so determinierende Gruppendynamik oft im Keim. Viele der Lehrer(innen) verbleiben nur wenige Jahre an den Banlieueschulen. Sie wechseln mit Erreichen der karrieretechnisch benötigten Punktezahl den Arbeitsplatz und werden durch junge, unerfahrene und „punktlose" Lehrer(innen) ersetzt, die das Gros der *ZEP*-Lehrer(innen) stellen. Auch der stetige Wegzug einkommensstärkerer Familien aus dem Einzugsgebiet der Schulen kann durch ihre Aufwertung in der *ZEP*-Politik nur bedingt aufgehalten werden. *Van Zanten* (2001) macht zudem darauf aufmerksam, dass hier zum Teil „paradoxe Effekte" entstehen, indem die Schulen beginnen, mit prestigehaften Lernangeboten bei den besser situierten Familien um Schüler(innen) zu werben, und hierdurch sog. Niveauklassen entstehen. Die gewünschte soziale Mischung der Schüler(innen) kann auf diese Weise nur selten erhalten oder erzielt werden und das verfolgte Ziel schlägt nur zu oft in sein Gegenteil um: Segregationstendenzen entstehen ebenso wie ethnisch homogene Klassen, die dann schulintern zu sozialem Sprengstoff

---

102 Die tiefgreifendste Reform des französischen Schulsystems war die Reform *Haby*, die 1975 das *Collège unique* ins Leben rief und für die Demokratisierung des Erziehungswesens sorgte. Entgegen der Dreigliedrigkeit des deutschen Systems gehen seither alle französischen Schüler(innen), unabhängig von ihrer sozialen Herkunft auf das gleiche, weiterführende *Collège*, das mit der Gesamtschule in der BRD vergleichbar ist.

werden können. Trotzdem leistet die systematische Unterstützung der *ZEP-*Schulen durch den Staat einen wichtigen Beitrag zur Verbesserung der Situation der Jugendlichen in marginalisierten Quartieren und die Forscher(innen) stellen sie daher niemals grundsätzlich in Frage.

### 3.2.3 Sonstige Maßnahmen

Als einen weiteren wichtigen Bestandteil der französischen Jugendpolitik kann man zudem auch die in den 80er Jahren entwickelte und bereits erwähnte *Opération été chaud* (Freizeitmaßnahme während der Sommerferien) bezeichnen. Die während der Sommerferien zu Hause verbleibenden, sich langweilenden Vorstadtjugendlichen bekommen kurze Ausflüge ans Meer finanziert oder sie werden dazu motiviert, an extra für sie initiierten Freizeitprogrammen an ihrem Wohnort teilzunehmen. Ziel dieser Maßnahme ist es vorrangig, Diebstähle zu verhindern. Von der Seite des Ministeriums werden die Maßnahmen als Erfolg gewertet, weil die Zahl der Autodiebstähle während der Förderung drastisch zurückging. Die Maßnahmen dauern seither an. Kritisiert wird jedoch, dass die Ferienmaßnahmen im Grunde nur spektakulären Not-Aktionen entsprechen, mit denen auf die Vorstadtunruhen reagiert werden soll. Sie befrieden die Jugendlichen nur kurzfristig, gelangen diese wieder in ihren „normalen" Alltag, würden sie wieder mit denselben Problemen konfrontiert. Hier zeigt sich einmal mehr, dass das Politikinteresse sich nicht auf die Bedürfnisse der Jugendlichen, sondern auf die Sicherheit in den Quartieren bezieht.

Erwähnenswert ist auch, dass erst im Laufe der 90er Jahre u.a. aufgrund der zunehmenden Jugendunruhen in französischen Vorstädten Jugendliche unter 25 Jahren – wie bereits kurz erwähnt – in den *Indice Synthétique d'Exclusion/ISE* (Index der Exklusion) aufgenommen wurden. Seitdem werden verstärkt auch spezielle Maßnahmen im Auftrag des *Ministère de la Jeunesse et des Sports* (Jugend- und Sportministeriums) durchgeführt. Hierzu zählt die verstärkte Förderung der *Maisons des jeunes* (Jugendeinrichtungen). Jugendhäuser bleiben länger geöffnet, jugendliche Vereinsgründer können projektbezogene Subventionen beantragen und Sportvereine werden im besonderen Maße gefördert.

In der Hauptsache fällt die französische Jugendpolitik der letzten Jahre jedoch in das Ressort des Arbeitsministeriums. Vor dem Hintergrund der hohen Jugendarbeitslosigkeit sind mehrere Tausend befristete Beschäftigungsverhältnisse für junge Menschen geschaffen worden. Diese so genannten *Emplois jeunes* sind alters- und nicht schichtspezifisch und haben besonders im Bereich des öffentlichen Dienstes (Schule, Polizei, öffentlicher Verkehr, Sozialarbeit, Post etc.) für zeitlich befristete Arbeitsplätze gesorgt. Wenngleich diese Arbeitsstellen oftmals in marginalisierten Quartieren angesiedelt sind, werden sie jedoch nur bedingt durch die dort lebenden Jugendlichen besetzt. Sieht man einmal von den befristeten Jobs der *Médiateurs*, den „Konfliktschlichtern", in Vorstadtbussen, Jugendhäusern etc. ab, ist die Effektivität der Arbeitsbeschaffungsmaßnahmen in Bezug auf eine dauerhafte Verringerung der Arbeitslosigkeit unter den Vorstadtjugendlichen stark anzuzweifeln.

Bemerkenswert ist auch das Ausmaß der polizeilichen Arbeit in den *Banlieues* (vgl. Tietze 2001, S. 132f.). Hier sind zunächst die sog. *Centres de Loisir des Jeunes*, die Freizeitzentren für Jugendliche zu nennen, die von Polizisten in Zivil geleitet werden und sich hauptsächlich um rückfällige Strafgefangene kümmern sollen[103]. Sie sollen gegenüber den Jugendlichen ein positives Bild der Polizei vermitteln. Zudem gibt es in den *Banlieues* einerseits sog. *Ilotiers* (Kontaktbeamte), die als permanent ansprechbare Kontaktpersonen fungieren sollen, und andererseits die *Brigade Anti-Criminelle/BAC*, deren Aufgabe die Verfolgung von Straftaten ist. Sie werden offensichtlich ganz gezielt als Abschreckung eingesetzt und sollen den „strafenden Staat" repräsentieren. Diese dreiteilige Aufteilung der Aufgaben der Polizei wird von den Polizisten zum Teil selbst als irritierend und belastend interpretiert (vgl. Tietze 2001, S. 133). Sie klagen auch über Überlastung, weil sie häufig bei Konfliktfällen hinzu gerufen werden, für die sie im Grunde nicht zuständig sind. Dies hängt damit zusammen, dass auch schon Busfahrer(innen), Sozialarbeiter(innen), Lehrer(innen) und andere staatliche Autoritäten die Polizei in Situationen rufen, in denen sie glauben, mit den Jugendlichen alleine nicht mehr zurechtzukommen. Dies verdeutlicht, dass manche staatlichen Institutionen, aber auch die Familien und die Nachbarschaften ihren Aufgaben nicht mehr gerecht werden können. Wird die Polizei als Streitschlichter hinzugezogen, hat dies in den meisten Fällen eine zusätzliche Kriminalisierung der Jugendlichen zur Folge.

Obwohl heute oft mehr als 50% der Bevölkerung der marginalisierten Quartiere Jugendliche sind, fast die Hälfte dieser dort wohnenden Jugendlichen keinen Schulabschluss vorweisen kann und von Arbeitslosigkeit betroffen ist, gibt es insgesamt nur wenige spezifische jugendpolitische Maßnahmen in Frankreich. Weitere, rein zielgruppenspezifische Angebote für Jugendliche innerhalb der *Banlieues* wären allerdings auch eine weitere deutliche Abkehr vom republikanischen Prinzip. Zudem ist es fraglich, ob zusätzliche Maßnahmen nicht auch das Engagement der Jugendlichen selbst schmälern würde. Lenkt man den Blick auf die Ressourcen der Einwohner(innen) in den *Banlieues*, erkennt man zahlreiche Formen der Selbst- oder Reorganisation, insbesondere auf der Seite der Jugendlichen.

---

103 Dies ist jedoch eine Initiative des Straßburger Polizeipräsidiums und keine flächendeckende Initiative.

Aufgrund der andauernden problematischen Lage haben die Jugendlichen inzwischen eigene Maßnahmen entwickelt, um ihre Existenz zu sichern. Vor allem die Schattenökonomie hat stark zugenommen. Neben der nach herkömmlichen und legalen Kriterien funktionierenden Ökonomie ist eine parallele, partiell nach illegalen Kriterien ablaufende Ökonomie hinzugekommen, die vielen ermöglicht, „immer wieder gerade so über die Runden zu kommen". Einigen der in den *Banlieues* lebenden Menschen sichern diese Methoden ihren Lebensunterhalt. Da sie nicht den Normen und Gesetzen der Mittelschicht entsprechen, werden sie von den Behörden als inakzeptabel interpretiert und insofern auch nicht gefördert (vgl. auch Loch 1999, S. 125). Stattdessen werden paternalistisch orientierte Hilfsmaßnahmen angeboten, die nicht unbedingt den Interessen der Quartierbewohner(innen) entsprechen, sie sogar häufig von Institutionen abhängig machen und degradieren und insofern ebenfalls keine positiven Effekte erzielen.

Die Maßnahmen in der BRD und in Frankreich resümierend, muss man ebenfalls feststellen, dass geeignete Maßnahmen zur Verbesserung der Menschen in marginalisierten Quartieren noch nicht gefunden wurden. Allerdings scheinen sowohl in Frankreich als auch in Deutschland Ansätze vorhanden zu sein, die langfristig angewandt und immer wieder evaluiert erfolgversprechend sein können. Vernetzung und Partizipation sind sicherlich zwei wichtige Pfeiler solcher Maßnahmen, allerdings können sie nur realisiert werden, wenn paternalistische Konzepte endlich ad acta gelegt werden und den Betroffenen die notwendige Autonomie zugestanden wird, damit sie selbstbestimmt ihre Interessen verfolgen und ihre individuellen Kompetenzen entfalten können.

## 4. Die Relevanz der politischen Partizipation von Jugendlichen in marginalisierten Quartieren

Die Debatte um die neuen Formen der politischen Partizipation bzw. des zivilgesellschaftlichen Engagements ist in den letzten Jahren zu einem Leitthema avanciert. Nicht nur im Rahmen sozialwissenschaftlicher Analysen, sondern auch in den Feuilletons zahlreicher überregionaler Zeitungen und in den Parteien bzw. den parteinahen Stiftungen hat das Thema Hochkonjunktur. Der Einsatz einer Expertenkommission zur „Zukunft des bürgerschaftlichen Engagements" durch die derzeitige Bundesregierung ist dafür eine deutliches Beispiel.

Betrachtet man gesellschaftliche Integration unter dem hier bereits ausführlich skizzierten Blickwinkel von System und Lebenswelt (Habermas 1988), dann stellen die Möglichkeiten der diskursiven Verständigung im Rahmen der politischen Partizipation für die Individuen ein wichtiges Korrektiv dar für die im Rahmen der Lebenswelt sichtbar werdenden und mehr oder weniger erfolgreich absolvierten Prozesse der systemischen Inklusion[104].

Dies gilt gerade auch für Jugendliche und Heranwachsende. Ein in letzter Zeit immer stärker in die sozialwissenschaftliche Diskussion gelangtes Thema ist die unzureichende systemische Inklusion der Jugendlichen (vgl. z.B. Fischer/ Münchmeier 1997). Ein wichtiger Aspekt dieser systemischen Inklusion, die Möglichkeiten der Partizipation an politischer Öffentlichkeit, wird in Bezug auf Jugendliche seit einiger Zeit ebenfalls intensiver diskutiert (vgl. Schröder 1995, Bukow/Spindler 2000, Ottersbach 2001a, Ottersbach 2001c). Vor allem vor dem Hintergrund der häufig durch sensationsorientierte und konservative Medien ins Spiel gebrachten Skandalisierung von Jugendgruppen zu Banden (vgl. Tekin/Yildiz 1999), die einerseits selbst Gewalttaten ausüben, andererseits

---

104 Hatte Habermas (1988) in Bezug auf das kommunikative Handeln vor allem die neuen sozialen Bewegungen vor Augen, so zeichnet sich heute eine Institutionalisierung des zivilgesellschaftlichen Engagements ab (vgl. hierzu z.B. Roth 1994), welches aber zum Teil ebenfalls den von Habermas entwickelten Geltungsansprüchen des kommunikativen Handelns (wie z.B. Authentizität, gleiche Zugangsrechte, gleiche Beteiligungs- und Abstimmungsrechte, gleicher Zugang zu Informationen, fairer und rationaler Austausch, Wahrheit und Richtigkeit, die Fähigkeit zum Konflikt wie zum Konsens bzw. zum Kompromiss und die Bereitschaft zur Versöhnung) genügen kann (vgl. hierzu Forst 1996, S. 193ff., Ottersbach 2003a, S. 28).

aber auch in großem Maße selbst von Gewalt betroffen sind, wird die Diskussion um eine authentische Beteiligung der Jugendlichen an der Öffentlichkeit immer wichtiger. Denn es geht darum, die Konstruktion des öffentlichen Bildes von Jugendlichen nicht mehr nur diesen Medien zu überlassen, in denen immer wieder nur die negativen Seiten der Jugendlichen hervorgekehrt werden. Stattdessen sollten sie öfter selbst zu Wort kommen, sich selbst in der Öffentlichkeit präsentieren und – als eine weitere Forderung – auch selbst an öffentlichen Entscheidungen partizipieren.

In den folgenden Kapiteln geht es zunächst darum, Möglichkeiten der politischen Partizipation für Jugendliche in der BRD und in Frankreich zu präsentieren. Im Zentrum stehen dabei explizit die direkten Verfahren der politischen Partizipation auf kommunaler Ebene, wie sie in den zivilgesellschaftlichen Vereinigungen, d.h. in Vereinen, Verbänden, Stadtteilforen, Planungszellen oder Zukunftswerkstätten, inzwischen etabliert sind. Sie sind nicht als Ersatz, sondern als Ergänzung einerseits der Verfahren der politischen Repräsentation und andererseits der staatlichen Unterstützungsleistungen anzusehen. Die Darstellung der politischen Programme gegen Polarisierung und Marginalisierung städtischer Quartiere hat bereits gezeigt, dass die Situation in diesen Quartieren ohne eine aktive Beteiligung der Bewohner(innen) bzw. ohne eine Mitgestaltung des Quartierlebens durch die Bewohner(innen) nicht entscheidend zu verbessern ist. Welche Chancen sich durch die direkten Verfahren der politischen Partizipation für eine solche Verbesserung des Quartierlebens ergeben, soll in den nächsten Abschnitten dargestellt werden.

## 4.1 Das Engagement Jugendlicher auf kommunaler Ebene

In letzter Zeit gibt es zahlreiche Beispiele dafür, dass von der Seite der Politik das zivilgesellschaftliche Engagement von Kindern und Jugendlichen aufgewertet werden soll. Dies gilt sowohl für die Diskussionen in Frankreich als auch für die Auseinandersetzungen in der BRD.

Auch auf internationaler Ebene ist diesbezüglich einiges geschehen. Im Rahmen der UN-Kinderrechtskonvention ist eine umfassende Leitlinie zur Beteiligung von Kindern und Jugendlichen formuliert worden. Die in den Artikeln 12 bis 17 festgelegten Rechte auf freie Meinungsäußerung, Versammlungsfreiheit und Informationsfreiheit bieten auch Kindern und Jugendlichen eine wichtige Grundlage für eine breitere politische Beteiligung. Auch in der Agenda 21 wird die Partizipation von Kindern und Jugendlichen im Rahmen der nachhaltigen Entwicklung gefordert. Kap. 25 der Agenda besagt, dass sie an allen Entscheidungsprozessen beteiligt werden sollen, die sie heute und in

Zukunft betreffen. Ziel ist es, den Kindern und Jugendlichen sowohl die erforderlichen Informationen als auch die Möglichkeit einer direkten Einflussnahme, die bis zur Regierungsebene reichen soll, zur Verfügung zu stellen. Im deutschen Grundgesetz (Artikel 20: „Alle Gewalt geht vom Volke aus") gibt es sogar ein fundamentales Recht auf uneingeschränkte Partizipation. Die Urheber des aktuellen Kinder- und Jugendhilfegesetzes (KJHG) haben die Bedeutung der politischen Partizipation für die Integration dieser Zielgruppen erkannt und den entsprechenden Passus durch einen eigenständigen Paragraphen (§ 8, „Beteiligung von Kindern und Jugendlichen entsprechend ihrem Entwicklungsstand an allen sie betreffenden Entscheidungen") abgesichert.

Der folgende Abschnitt basiert auf der Evaluation einer neuen Form der politischen Beteiligung von Jugendlichen, der Kinder- und Jugendforen in Köln[105]. Hier wird zunächst allgemein auf die neuen Formen der Beteiligung auf kommunaler Ebene eingegangen. Anschließend wird auf die Gründe der Beteiligung der Jugendlichen an solchen Beteiligungsformen rekurriert. Zum Schluss wird dann der Bezug der neuen Formen der politischen Partizipation zum Sozialraum der Jugendlichen und zur sozialen Integration bzw. zur politischen Inklusion der Jugendlichen hergestellt. Neben der Möglichkeit einer authentischen Beteiligung an der Öffentlichkeit leisten – so die hier vertretene These – die neuen Formen der politischen Partizipation einen wichtigen Beitrag zur Erweiterung der lebensweltlichen Bezüge bzw. des Sozialraums der Jugendlichen. So hat die wissenschaftliche Evaluation (vgl. hierzu Bukow/Spindler 2000, Ottersbach 2001a, Ottersbach 2001c) verdeutlicht, dass an diesen Foren sowohl Jungen und Mädchen als auch Jugendliche verschiedener Herkunft und aus unterschiedlichen Schichten teilgenommen haben. Gezeigt hat sie zudem, dass die Jugendlichen sich im Rahmen diskursiver Verfahren über Elemente ihrer jeweiligen Lebenswelt, d.h. ihrer spezifischen kulturellen Überlieferungen, Traditionen, Normen und Werte, aber auch über ihre in der Lebenswelt sichtbar werdenden gesellschaftlichen Probleme auf rationale Art und Weise ausgetauscht bzw. verständigt haben.

Im darauf folgenden Abschnitt geht es dann um direkte Verfahren der politischen Partizipation in Frankreich. Im Kontext der Diskussion um die Verbesserung der Situation in marginalisierten Quartieren sind vor allem die Vereine zu nennen, die als intermediäre Instanzen zwischen Politik/Verwaltung und den Interessen der Bevölkerung vermittelnd tätig werden.

---

105 Vgl. zu Kontext, Ablauf und Ergebnisse der Evaluation der Kölner Kinder- und Jugendforen ausführlich Ottersbach 2001c, S. 17ff.

## 4.1.1 Jugendforen und -parlamente in Deutschland

Seit Anfang der 80er Jahre werden in zahlreichen Kommunen der Bundesrepublik neue Formen der politischen Partizipation erprobt, die auf eine stärkere Einbindung von Jugendlichen in partizipative Prozesse zielen. So sind zunächst in einigen kleineren Städten und Gemeinden, später auch in Großstädten Jugendparlamente, -beiräte oder -foren gegründet worden. Sie reagieren auf bestimmte Missstände gesellschaftspolitischer Entwicklungen, wie z.B. die allseits beklagte Politikverdrossenheit oder das angeblich mangelhafte Interesse der Jugendlichen an gesellschaftlichen und politischen Entscheidungsprozessen.

*Neue Formen politischer Partizipation für Jugendliche*[106]

| Modell | Hauptmerkmale | thematische Orientierung |
|---|---|---|
| *Jugendforum* | kontinuierlich/offen | lokale Fragen aus dem Umfeld jugendlicher Aktivitäten |
| *Jugendparlament/ Jugendgemeinderat* | Vertretung von Jugendgruppen | kommunale Fragen/ jugendliche Belange |
| *Jugendbeteiligung/ Anhörung* | Beteiligung an planerischen Maßnahmen, die Jugendliche betreffen | Stadt- und Verkehrsplanung/ Baumaßnahmen |
| *Initiative/Projekt* | zeitlich und thematisch begrenzte, spontane Aktionen (oft in Kooperation mit Bürgerinitiativen) | Umwelt- und Verkehrsfragen, Spiel- und Aktionsfelder von Jugendlichen |
| *Mitbestimmungs- und Selbstbestimmungsgremium* | lokale Angebote in Freizeiteinrichtungen der Jugendhilfe | pädagogischer Hintergrund |
| *kommunales Wahlrecht* | zeitlich fixierte und thematisch unbegrenzte Form der Wahl von Vertreter(inne)n für das Kommunalparlament | „alles und nichts"[107] |

---

106 Vgl. hierzu Ottersbach 2001c, S. 19, auch Bukow 2000, S. 29. Die Tabelle zeigt die unterschiedlichen Formen der politischen Partizipation, wobei der Intensitätsgrad der Partizipation – je weiter man nach unten gelangt – abnimmt, d.h., der Aspekt der Repräsentation nimmt zu, die prinzipielle Zugangsmöglichkeit bzw. Offenheit für alle wird eingeschränkt und die Anlässe werden geringer bzw. die thematische Orientierung wird enger.

107 Im Grunde genommen wird mit der Wahl zwar über „alles" entschieden. Berücksichtigt man jedoch die Perspektive der Jugendlichen, dann kann man mit der Wahl über „nichts" entscheiden, weil die Art der Entscheidung, die eine Wahl ermöglicht, den Ansprüchen der Jugendlichen nicht wirklich gerecht wird.

In einer empirischen Untersuchung des Deutschen Jugendinstituts (Winklhofer/Schneider 1999) wurde festgestellt, dass in über einem Drittel (38%) der Kommunen Beteiligungsformen für Kinder und Jugendliche bereits existieren. Dabei spielen Großstädte ein Vorreiterrolle: „Denn je größer die Städte, desto ausgeprägter ist das Bemühen, Beteiligungsformen zu initiieren" (Bruner 1999, S. 5). Das Angebot an direkten Formen, wie z.B. die Foren, übertrifft sogar das Angebot der repräsentativen Formen wie z.B. die Kinder- und Jugendparlamente oder -gemeinderäte. Am häufigsten etablieren sich Partizipationsmöglichkeiten als Projekte, die thematisch und zeitlich begrenzt sind und in der Regel in Zukunftswerkstätten übergehen. Sie beziehen sich meist auf die Partizipation an Gestaltungsprozessen, die insbesondere für Kinder und Jugendliche relevant sind, z.B. der Bau von Freizeitgeländen und Spielplätzen. Von den meisten partizipativen Verfahren wird positiv berichtet, sie seien eine gute Möglichkeit, Kindern und Jugendlichen Verantwortung zu übertragen. Dadurch habe sich auch ihr Verhältnis zu öffentlichen Räumen stark verändert.

Mit ihren Konzepten beziehen sich die neuen Formen der politischen Partizipation sowohl auf *politisch* als auch auf *pädagogisch* relevante Bereiche. Einerseits geht es um eine den liberalen Grundrechten entsprechende Partizipation am öffentlichen Leben, andererseits um eine Förderung selbstbestimmten Handelns[108].

Die Gründe der Beteiligung der Jugendlichen an den Foren

Ausschlaggebend für die Einrichtung neuer Partizipationsformen für Jugendliche war u.a. die Feststellung, dass solche Jugendforen eine niedrigschwellige und deshalb auch geeignete Form der gesellschaftlichen Partizipation von Jugendlichen darstellen und den Bedürfnissen und realpolitischen Handlungsmöglichkeiten der Betroffenen nahekommen.

Im Rahmen der wissenschaftlichen Begleitung der Kinder- und Jugendforen in Köln-Kalk und Köln-Sürth haben die Interviews mit den Teilnehmer(inne)n gezeigt, dass die meisten unter ihnen im Verlauf der Foren in ihrer Motivation gestärkt worden sind[109]. Den Jugendlichen eine fehlende politische Motivation und eine geringe gesellschaftliche Verantwortung anzulasten, entspricht insofern einem Mythos. Stattdessen wurde bei fast allen Teilnehmer(inne)n deutlich,

---

108 Vgl. zur Relevanz solcher Foren Ottersbach 2003a, S. 169ff.
109 Dies gilt zumindest für das Forum in Weiß/Sürth. Da in Kalk lediglich vier Interviews mit Delegierten bzw. Interessierten gemacht wurden und zeitweise doch weitaus mehr Kinder und Jugendliche an den Foren teilgenommen haben, kann man zur Motivationsentwicklung der Teilnehmer(inne)n aus Kalk kein eindeutiges Urteil fällen. Auf die Probleme des Kalker Forums werde ich später ausführlich eingehen.

dass sie sich sehr stark für die Geschehnisse in ihrem Stadtteil, insbesondere bezüglich der sie betreffenden Entscheidungen interessieren.

Verdeutlichen lässt sich das zunehmende Interesse der Jugendlichen an den Foren an zahlreichen Beispielen. So hatte ein Delegierter des Kalker Forums[110] zunächst noch ein eher allgemeines oder diffuses Interesse. Auf die Frage, was es für ihn bedeutet, Delegierter zu sein, antwortet er: „Ich weiß nicht, aber ich mach das rein interessehalber", und auf die Frage, welche Erwartungen er hatte, bevor er zum Forum gekommen ist, teilt er mit:

„Ja keine, ich wußte ja nicht, wie das abgeht, ich wollte nur halt sehen, was das ist. Deshalb hatte ich auch keine Erwartungen".

Bereits nach dem ersten Treffen erkannte er jedoch, dass er „auch mal was dafür machen [kann, d. Verf.], daß Kalk aufblüht". Allerdings schätzt er sich selbst als einen politisch interessierten Menschen ein, der sich dafür interessiert, „was in Kalk abgeht, und vor allem auch, was für die Jugendlichen getan wird". Auch der 15-jährige Jouad aus Kalk kam zunächst aus Neugier an der Sache zum Forum. Später resümiert er: „Dann hat es mir gefallen, dann bin ich jetzt noch immer drin". Ähnlich erging es dem 10-jährigen Christopher, ein Delegierter der Forums in Weiß/Sürth. Seine zunächst unklare Motivation verwandelte sich schnell in ein ernsthaftes Interesse. Er erkannte mit der Zeit, dass er etwas verändern kann. Besonders interessant scheint in diesem Zusammenhang, dass die häufig formulierte Klage über das fehlende Interesse der Politiker(innen) an der Situation von Kindern und Jugendlichen (dazu der 11-jährige André aus Weiß/Sürth: „Politiker nehmen einen nicht für voll") nicht notwendigerweise zur Resignation und zu einer Abkehr der Teilnehmer(innen) vom Forum führt. So werden auf der einen Seite das Argument des Sachzwangs (dazu Christopher: „immer kein Geld da") entlarvt und die mangelhafte Unterstützung des Forums durch die Öffentlichkeit allgemein und speziell durch Politiker(innen) beklagt (Alexander, 11 Jahre, aus Weiß/Sürth). Auf der anderen Seite wird aber trotzdem gefordert, dass man weitermachen sollte, weil man sein Interesse an politischer Bildung durch die Teilnahme an den Foren verbessern kann (Christopher) oder weil man eben auch als Kind endlich mal bestimmen kann (Alexander). Auf die Frage, ob er persönlich etwas durch das Forum gelernt hat, antwortet Alexander:

„Ja ich habe schon gelernt, daß früher immer die Erwachsenen, immer die Erwachsenen. Im Fernsehen und an anderen Stellen sah man immer nur Erwachsene, die bestimmt haben. Nachrichten, immer nur Erwachsene, Erwachsene, die dann bestimmen: Ist ja öde. Also dann hab ich hier durch das Forum gelernt, daß auch mal Kinder was bestimmen können. Zwar nicht so viel wie

---

110 Hier handelt es sich um den 17-jährigen Farzad. Alle Interviews sind in der Forschungsstelle für interkulturelle Studien (FiSt) der Universität zu Köln einsehbar.

die Erwachsenen, aber auch so entsprechend, auch mal was mitbestimmen können und das find ich auch super- O.K."

Manche Teilnehmer(innen) mussten allerdings auch Rückschläge hinnehmen, so vor allem im Kalker Forum. Als problematisch erwies sich zunächst einmal der Standort des Forums. In Kalk fand das Forum in einem Hinterzimmer des Bezirksrathauses statt. Auf der einen Seite erschien es deshalb schon nicht als niedrigschwellig, auf der anderen Seite spürte man stark, dass es sich hier um eine doch eher unwichtige Angelegenheit handelte, der zumindest von Seiten der Verwaltung nur eine geringe Rolle beigemessen wurde. Als eine erste Forderung wäre deshalb ein Treffpunkt zu wählen, der sowohl der erforderlichen Niedrigschwelligkeit als auch der Wichtigkeit des Anliegens gerecht wird.

Ganz anders verhielt es sich in Köln-Sürth. Hier lief das Forum hervorragend, fast schon so gut, dass die Teilnehmer(innen) es quasi in Eigenregie durchführen konnten. Man riss sich um das Mitspracherecht, schrieb Ideen, Vorschläge und Forderungen auf, führte Diskussionen und interessierte sich für die Auswertung und die Fortentwicklung des Projekts. Hier ging es um die Renovierung von Spielplätzen, um Bahnen für Inline-Skating oder um Maßnahmen zur Verkehrsberuhigung und alle versuchten vehement, ihre Interessen zu artikulieren und durchzusetzen. Begünstigt wurde das gute Funktionieren sicherlich auch durch die Standortwahl: Es fand im größten Raum des örtlichen Jugendzentrums statt, einem Raum, in dem die Teilnehmer(innen) sich wohlfühlen und den sie als öffentlichen Ort auch schätzen.

Die Probleme, die im Kalker Forum auftraten, resultieren vornehmlich aus einem mangelhaften „framing" des Forums. Abgesehen vom schlecht gewählten Standort hatten die teilnehmenden Kinder und Jugendlichen augenscheinlich nicht die Gelegenheit, ihre Anliegen selbständig und ohne Bevormundung zu diskutieren und anschließend gemeinsam zu präsentieren[111].

Die Beobachtung, dass die Teilnehmer(innen) eher desinteressiert waren, bedurfte einer nachdrücklichen Erkundigung der Gründe für dieses Verhalten durch die wissenschaftliche Begleitung. In den Interviews wurde dann auch schnell deutlich, dass sie Probleme und Konflikte hatten, die sie an diesem Ort nicht ohne weiteres thematisieren konnten. So hatte die 11-jährige Demet aus Kalk die Erwartung, dass im Forum das Thema „Gewalt in der Schule" diskutiert würde. Auf die Frage, welche Bedeutung das Forum für sie hat, antwortet sie:

---

111 Zumindest das „motivational frame" wurde falsch konstruiert, aber auch schon das „diagnostic frame" beinhaltete Unzulänglichkeiten, die eine Anknüpfungsbereitschaft der Kinder und Jugendlichen stark behinderten. Dies wird im Folgenden klar.

„Also ich finde, daß man da mehr über die Schule redet, weil der Spielplatz ist ja nicht so wichtig, (...). Aber die Schule ist ein Problem."

Im weiteren Verlauf des Interviews fügt sie hinzu:

„Jetzt reden wir über ein Schwimmbad, was ich eigentlich mir gar nicht vorgestellt habe."

Offensichtlich ist, dass die Beteiligung an einem *solchen* Forum die Bereitschaft voraussetzt, die eigenen und zentralen Anliegen individuell und öffentlich zur Diskussion zu stellen. Wenn es sich aber um Themen wie Arbeitslosigkeit, Fremdenfeindlichkeit und Armut handelt, die in der Öffentlichkeit zwar diskutiert, in Bezug auf ihre Entstehungsgründe jedoch häufig individualisiert werden[112], dann ist ein enormes Selbstbewusstsein erforderlich, diese Themen auf diese Weise auch tatsächlich in den öffentlichen Diskurs zu transportieren.

Maßgeblich für die Entwicklung der Motivation waren zwei Punkte, die zu beachten für zukünftige Partizipationsformen von Belang sein könnten:

1. Als motivierend kann eine „zurückhaltende Unterstützung" seitens der erwachsenen Begleitpersonen angesehen werden. Haben die Jugendlichen tatsächlich die Gelegenheit, ihre Anliegen und Interessen frei zu präsentieren, kann sich durchaus eine zivilgesellschaftlich orientierte Kommunikation bilden, die den Prinzipien des von Jürgen Habermas entwickelten Modells der deliberativen Politik (Habermas 1990, 1992, 1994) entspricht[113]. Von großer Bedeutung ist auch, dass ihre Forderungen ernst genommen werden und sie politisch auch umgesetzt werden bzw. ihnen verständlich gemacht wird, warum und aus welchen Gründen eine bestimmte Forderung nicht umgesetzt werden kann. Dabei erweist sich der Grund „kein Geld da" stets als äußerst unverständlich.
2. Als demotivierend müssen mehrere Aspekte angeführt werden. Zunächst stellt sich das Problem des mangelhaften „framing". Schon die Wahl des Ortes der Treffen ist wichtig. In Kalk fanden die Treffen in einem Hinterzimmer des Bezirksrathauses statt. Weder konnten sich die Jugendlichen dort zu Hause bzw. wohl fühlen, so dass der Aspekt der Niedrigschwelligkeit nicht eingelöst

---

112 Vgl. hierzu Beck (1986, S. 218f.). Solche Phänomene werden in der Öffentlichkeit oft als Folge individuellen Verhaltens bzw. Versagens gedeutet.

113 Konkret weist das deliberative Prinzip den Diskursen bestimmte Funktionen oder Eigenschaften zu, die Forst (1996, S. 193) unter den Stichworten „Rationalität und Fairness", „Kritik und Konflikt" und „Versöhnung und Solidarität" abhandelt. Die erste impliziert „(...) die Fähigkeit zur diskursiven Präferenz-, Urteils- und Willensbildung und die Bereitschaft, die Position anderer zu verstehen, zu akzeptieren oder zu tolerieren". Die zweite Funktion „(...) verweist auf die Aufgabe, Ansprüche auf Anerkennung bislang exkludierter Gruppen zuzulassen und anzuerkennen" und die dritte Eigenschaft „(...) bezieht sich auf die Notwendigkeit, diese Risse in einer politischen Gemeinschaft zu versöhnen und die allgemeine Anerkennung voller Mitgliedschaft solidarisch zu verwirklichen."

werden konnte, noch konnten sie in der Wahl des Ortes eine angemessene Ernsthaftigkeit erkennen. Ein weiterer Aspekt ist, dass im Kalker Forum die Jugendlichen nicht ausreichend die Gelegenheit hatten, ihre individuellen Anliegen in die Diskussion einzubringen. Die Dominanz der Diskussionsleiter(innen) war unübersehbar. Festgehalten werden muss auch, dass die von den Jugendlichen eingebrachten Themen den Rahmen des Forums teilweise sprengten. Themen wie Arbeitslosigkeit, Verarmungsprozesse oder Fremdenfeindlichkeit sind Themen, die die TeilnehmerInnen unmittelbar betreffen, die ein derartiges Forum aber überfordern. Hier zeigen sich eindeutige Grenzen solcher Partizipationsformen, die verdeutlichen, dass politische Partizipation sozialpädagogische Tätigkeiten nicht ersetzen kann.

Daraus den Schluss zu ziehen, dass direkte Partizipationsformen nicht als eine allgemeine und für alle Themen unvoreingenommene und sinnvolle Methode der Bürgerbeteiligung sein kann, halte ich dennoch für überzogen. Bürgerschaftliches Engagement ist keine Frage des Habitus, so dass derartige Partizipationsformen nur von Vertreter(inne)n der bürgerlichen Schichten genutzt werden könnten. Denn sowohl die Jugendlichen aus dem unteren Schichtengefüge als auch Jungen und Mädchen, Jugendliche mit oder ohne Migrationshintergrund kennen ihre Probleme und meist auch deren Ursachen ziemlich genau. Zudem wissen sie meist auch, wie sie selbst damit umgehen und „Wege des Überlebens" finden können.

Insgesamt scheint in marginalisierten Quartieren in Bezug auf Jugendliche eine Kombination aus Foren einerseits und stadtteilorientierter sozialer Arbeit bzw. lebensweltorientierten Gemeinwesenarbeitsprojekten andererseits sinnvoll. Während von sozialpädagogischer Seite Unterstützung in sozialen Fragen gegeben wird, bieten die Foren die Möglichkeit, den Jugendlichen in der Öffentlichkeit ein Gehör für ihre individuellen Anliegen und Interessen zu schaffen.

*4.1.2 Die Rolle der Vereine in den französischen Vorstädten*

Im Rahmen der *Politique de la ville* wurde die Idee entwickelt, die Bewohner(innen) marginalisierter Quartiere stärker als bisher in direkte partizipative Verfahren einzubinden. Als eine der wichtigsten intermediären Instanzen sind die Vereine zu nennen, die eine besondere Vermittlerrolle zwischen den staatlichen Institutionen und den Bewohner(inne)n der marginalisierten Quartiere zugeschrieben bekamen. Ihre Aufgabe ist es, zwischen den Interessen der Bewohner(innen) und den Anliegen der Stadtverwaltung zu vermitteln. Zu nennen sind vor allem die *Associations intermédiaires* (Beschäftigungsvereine), aber auch die *Missions locales* (Vermittlungsstellen für Arbeit und Qualifizierungsmaßnahmen) und die *Entreprises d'insertion* (Beschäftigungsgesellschaften). Die letzten beiden Institutionen haben jedoch eher eine arbeitsmarktintegrierende Funktion.

Die *Associations intermédiaires* haben hingegen die Funktion, der sozialen Isolation und dem Rückzug der Bewohner(innen) ins Private vorzubeugen. Dieser Rückzug wird allgemein als Gefahr interpretiert, weil fehlende soziale Kontakte die Entwicklung von Resignation und Frustration begünstigen und eventuell auch die Bereitschaft zur Gewalt erhöhen. Insofern wird der Zusammenschluss zu Vereinen seitens des Staates befürwortet und gefördert. Zugleich dienen die Vereine dem Staat aber auch als Medium, d.h., sie fungieren sowohl als Kontroll- und Erziehungsinstrument als auch als Sprachrohr dieser Jugendlichen, ohne dass staatliche Behörden selbst mit ihnen Kontakt aufnehmen müssen. Hier zeigt sich, dass die Vereine eine hochsensible Aufgabe innehaben, die eine Art „Doppelagentenfunktion bedeuten kann. Denn einerseits wissen die Jugendlichen, dass die in den Vereinen tätigen Mediator(inn)en sich durch eine relativ feste Anstellung im öffentlichen Dienst von ihnen erheblich unterscheiden und sich durch ihre Aufgabe der (Re-)Inklusion marginalisierter Jugendlicher auf der Seite des Staates befinden. Andererseits wissen sie auch, dass sie häufig auf die Vereine angewiesen sind, wenn sie den Weg aus der Marginalisierung herausfinden wollen. Zudem befinden sich die Vereine mit den Sozial- und Jugendzentren, den Schulen und anderen kommunalen Einrichtungen im unmittelbaren Wettbewerb um materielle Güter (vgl. auch Loch 1999, S. 128f.). Auch in Bezug auf die Kompetenzen, d.h. insbesondere die Chance, mit den betroffenen Jugendlichen in Kontakt zu kommen und sie auch noch positiv zu beeinflussen, sind die Vereine eine echte Konkurrenz für diese Institutionen. Als „Milieukenner sind die Vereine den o.g. Institutionen hoch überlegen, bergen jedoch gleichzeitig die Gefahr in sich, Gruppeninteressen aufzubauen, zu fördern und öffentlich zu vertreten, so dass von Seiten der Institutionen immer wieder davor gewarnt werden kann, dass der durch das republikanische Prinzip favorisierte Allgemeinheitsanspruch bedroht sei. Dabei transportieren die staatlichen Institutionen das Bild der Gettobildung in den Quartieren immer wieder über die Medien in die Öffentlichkeit, so dass die Vereine und auch die Quartiere selbst nachhaltig stigmatisiert werden.

Im Folgenden wird zunächst in einer Art Exkurs der Entstehungshintergrund der Vereine dargestellt. Hier wird vor allem auf die *Beurs*-Bewegung rekurriert. Im Anschluss daran soll die Problematik der Vereine beispielhaft an einem Konflikt zwischen verschiedenen Gruppen eines Quartiers konkretisiert werden.

Exkurs: Die *Beurs*-Bewegung in Frankreich

Bei der Entwicklung der Vereine handelt es sich keinesfalls um ein „von oben initiiertes und geleitetes Produkt, sondern vielmehr um eine „von unten eingerichtete und gewachsene Bewegung, die mit der Zeit institutionalisiert worden ist. In direktem Zusammenhang mit der Entstehung dieser Vereine steht die Entwicklung der sog. *Beurs*-Bewegung[114]. Sie entstand bereits Anfang der 80er Jahre infolge rassistischer Ausschreitungen gegenüber Jugendlichen mit Migrationshintergrund zunächst als eine lokale Bewegung. Schnell bildeten sich auf nationaler Ebene zahlreiche Vereine wie *SOS Racisme* oder *France Plus*, die das Problem des Rassismus öffentlich machten und anprangerten. Einige Mitglieder der *Beurs*-Bewegung bekamen über die Bildung der Vereine einen Job als Mediator(inn)en in den Vereinen, weil sie als hervorragende Kenner der Milieus galten. Gleichzeitig wurde die Bewegung durch diese Vereine jedoch absorbiert, d.h, die Meinungsführer(innen) der zunächst lokal stattfindenden Proteste wurden von den staatlichen Institutionen und auch von der Sozialistischen Partei abgeworben. Später wurden diese Vorreiter(innen) des Anti-Rassismus in Frankreich sogar als Vertreter(innen) einer *Beurgeoisie* bezeichnet, die sich aufgrund der Elitenbildung von den Kämpfer(inne)n der Basis und vom Anti-Rassismus distanziert hätten. Daraufhin entwickelte sich eine tiefe Kluft zwischen den „offiziellen" Vertreter(inne)n des Anti-Rassismus und den Jugendlichen mit Migrationshintergrund, die sich in den Vorstädten radikalisierten (vgl. hierzu Loch 1999, S. 131). Als eine Gruppe, die sich später von den *Beurs* abspaltete, werden von Loch (1999, S. 132) die muslimischen Vereine genannt[115]. Die islamischen Gruppen kümmern sich vorrangig um wohnviertelspezifische Interessen, d.h., sie organisieren Hausaufgabenhilfe, bekämpfen den Drogenkonsum und unterstützen die Job-Suche der Jugendlichen im Quartier. Zum Teil nutzen die Vereine ihren Einfluss auch, um die Jugendlichen zum Islam zu bewegen. Allerdings handelt es sich hier inzwischen um eine sehr säkularisierte Form des Islam, die mit dem traditionellen nur noch wenig gemein hat. Denn auch die Jugendlichen mit Migrationshintergrund fühlen sich – und dies hängt mit der Staatsbürgergesetzgebung und auch mit der (zumindest ab 18 Jahren) ermöglichten politischen Partizipation dieser Jugendlichen in

---

114 Der Begriff *beur* ist ein Produkt der bereits erwähnten Jugendsprache, des *Verlan* bzw. der *L'envers*-Sprache der Jugendlichen. Hier wurde das Wort *arabe* zu *rebeu* und zu *beur* umgebaut.
115 Diese Haltung wird jedoch angezweifelt. So betont Khosrokhavar in seiner Studie über den Islam (1997), dass die islamischen Gruppen sich nicht von der Beurs-Bewegung abgespalten haben, sondern die jungen Muslime sozusagen die jüngeren Brüder der Beurs-Bewegung sind. Es handele sich eher um einen Generationswechsel.

Frankreich zusammen – immer noch mit der Nation verbunden. Die Kultur Frankreichs und insbesondere das Wohnquartier werden von den Jugendlichen mit Migrationshintergrund sehr geschätzt, so dass ein Abdriften der Jugendlichen hin zu fundamentalistischen Strömungen oder zu einer politisierten Form des Islams nur einem relativ kleinen Teil der Jugendlichen mit Migrationshintergrund zugeschrieben werden kann und ansonsten eher einem medial aufbereiteten Konstrukt als einer realen Gefahr entspricht.

Das Doppelgesicht der Vereinsarbeit: Die Förderung von Allianzen und Dissoziationen sozialer Gruppen in einem marginalisierten Quartier

Auch in einer *Banlieue* im Süden von Paris, die im Rahmen *der Politique de la ville* gefördert wird, wird von Anerkennungskonflikten zwischen verschiedenen Vereinen berichtet (vgl. hierzu Wolf 2000, S. 95ff.). 1991 kommt es in dieser *Banlieue* zunächst zur Bildung eines Vereins mit der Bezeichnung „jeunes issus de l'immigration[116], der sich vor allem der Organisation von Freizeitaktivitäten für Jugendliche widmet. Zielgruppen sind vor allem Jugendliche mit Migrationshintergrund, die den Kontakt zur Schule bereits abgebrochen haben. Die Jugendlichen haben in dem Verein die Möglichkeit Vorschläge zu entwickeln, wie man das Leben im Viertel verbessern bzw. die Umgebung des Quartiers verschönern kann. Einige Vorschläge werden umgesetzt, es wird eine riesige Wandfreske erstellt. Zunächst hat der Verein mit seiner Arbeit viel Erfolg. Es kommt zu weiteren symbolischen Aktionen, die im Rahmen eines Stadtteilfestes mit wichtigen Repräsentant(inn)en der Kommune, der Politik und der Medien gewürdigt werden. Bei einigen der Bewohner(innen) stoßen die Aktionen jedoch auf Widerstand. So fühlen sich die autochthonen Franzosen und auch die älteren Bewohner(innen) ausgeschlossen und nicht repräsentiert. Schließlich kommt es zur Gründung weiterer Vereine, die spezielle Interessen vertreten. Eine der ersten Aktionen eines dieser neu gegründeten Vereine ist eine Beschwerde an die Kommune, in der über die große Unsicherheit im Quartier geklagt wird. Es kommt zu gegenseitigen Beschimpfungen und Diskriminierungen der Vereine, die die Stimmung im Viertel stark belasten. Erst als die Mieten in einigen Wohnungen erhöht werden sollen, kommt es wieder zu gemeinsamen Protesten, so dass sich das Klima wieder etwas verbessert. Es kommt sogar zu gemeinsamen Stadtteilfesten, an denen sich Vertreter(innen) aller Bevölkerungsgruppen beteiligen. Damit ist die Gefahr der Entstehung weiterer Konflikte jedoch nicht gebannt. Bei einem Fest einer *École maternelle* (Kinder-

---

116 Übersetzten könnte man den Namen des Vereins etwa mit „Jugendliche mit Migrationshintergrund".

tagesstätte) zum Thema *Représentation des diverses cultures* (Vertretung der verschiedenen Kulturen) kommt es erneut zu gegenseitigen Ressentiments. Stände, die die afrikanische Kultur zeigen, werden von vielen als die schönsten interpretiert. Manche Eltern beschweren sich bei der Leiterin, dass sie Kinder mit Migrationshintergrund bevorzuge.

Das angeführte Beispiel zeigt einerseits, dass eine erfolgreiche Vereinsarbeit in marginalisierten Quartieren gegenseitige Hilfe ermöglicht und zu einer neuen Solidarität unter den Bewohner(innen) beitragen kann. Es zeigt aber auch genau das Gegenteil: Die Vereinsarbeit wirkt sektiererisch und entsolidarisierend, wenn nur Partialinteressen vertreten werden. Wolf (2000, S. 101) spricht deshalb prägnant von einem „Doppelgesicht der Vereinsarbeit" bzw. *der Politique de la ville* in den marginalisierten Quartieren.

Neuere Untersuchungen zeigen auf, dass die Partizipation in intermediären Instanzen seitens der Bevölkerung mit Migrationshintergrund nicht besonders groß ist (vgl. Bertoncello/de Lataulade 1994). Auch die Teilnahme am Vereinsleben bleibt eher den etablierteren Kreisen vorbehalten (vgl. Barthélemy 2000). Ein großes Problem ist, dass die Stadtpolitik, respektive die Vereine, eher die mittelschichtorientierten Normen vertreten und sowohl die Lebenslage als auch die Lebenswelt der Jugendlichen mit Migrationshintergrund nur bedingt wahrnehmen (vgl. Loch 2001, S. 11). Diese Jugendlichen werden dann dazu gedrängt, eigene Arenen der Öffentlichkeit herzustellen. Deshalb kommt es verstärkt zur Bildung ethnisch homogener Vereine, die die allgemeinen Anliegen der Bewohner(innen) des Quartiers aus dem Blick verlieren und nur noch die speziellen Interessen einer bestimmten Bevölkerungsgruppe vertreten. Kommt es dann zur Bildung weiterer Vereine, die die Anliegen anderer spezieller Bevölkerungsgruppen repräsentieren, sind die Konflikte nahezu vorprogrammiert.

Um eine tragfähige und effektive Interessenvertretung der Bewohner(innen) eines Quartiers zu garantieren, ist es wichtig, Vereine zu fördern, die wirklich auch die Interessen aller Einwohner(innen) repräsentieren. Sonst kommt es – ähnlich wie im Keupstraßenviertel in Köln-Mülheim gezeigt – zur Überhöhung individueller Anliegen und eventuell auch zu einer Begünstigung sektiererischer Prozesse, die die Bildung feindlich gesinnter Gruppen beschleunigen und auch das Image des Quartiers in der Öffentlichkeit nachhaltig beschädigen können. In diesem Sinne müsste dann eine *Politique de la ville* etabliert werden, die in der Tat dem Gleichheitsprinzip folgt und nicht nur die Interessen bestimmter Zielgruppen fördert, sondern sich offen gegenüber der Solidaritätsentwicklung der Bewohner(innen) eines ganzen Quartiers zeigt.

## 4.2 Die politische Partizipation von Jugendlichen: ein echter Beitrag zur Integration?

Gegen die eingangs erwähnte und zweifellos nicht unproblematische Entwicklung der Ausdifferenzierung gesellschaftlicher Subsysteme, der Anonymisierung insbesondere in den Städten, der „Verregelung" alltäglicher Handlungsweisen können die neuen Formen der politischen Partizipation einen durchaus ernst zu nehmenden Gegenpart darstellen. Denn mittels der neuen, frei gewählten Partizipationsformen ist es möglich, den Rückzug ins Private zu stoppen, milieu-übergreifende und verschiedene Nationalitäten und Geschlechter zusammenführende Kontakte und Aktivitäten zu ermöglichen, den Horizont bzw. die Perspektiven zu erweitern und auch die Empathie zu fördern.

Ein großer Vorteil der Foren ist, dass die Jugendlichen unweigerlich mit verschiedenen Lebensstilen und Lebensformen in Kontakt gelangen und sich mit ihnen auseinander setzen müssen. Die wissenschaftliche Evaluation der Foren hat ergeben, dass die Teilnehmer(innen) diese Konfrontation nicht als Zwang erleben, sondern als einen selbstverständlichen Aushandlungsprozess. Die Foren fördern, vergleichbar mit den anderen Institutionen (wie Schule oder Einrichtungen der Jugendhilfe), mit denen die Jugendlichen in ihrem Alltag konfrontiert werden, durch das Zusammenkommen verschiedener Kulturen, d.h. der verschiedenen Geschlechter, der unterschiedlichen Nationalitäten[117] und Schichten, sowohl die Auseinandersetzung mit fremden Lebenswelten als auch die Reflexion der eigenen lebenweltlichen Bezüge. Damit leisten sie einen wichtigen Beitrag zur sozialen Integration[118]. Der neue, freiwillig gewählte Zusammenhalt in derartigen Foren ermöglicht aber nicht nur eine Erweiterung des Sozialraums oder der Milieus, sondern stellt gleichzeitig auch eine viel versprechende Möglichkeit der politischen Bildung dar. Mit Hilfe dieser neuen Formen können Einblicke in (kommunal-) politische Abläufe und Verfahren, in politische Entscheidungsprozesse und auch in den kommunalen Haushalt erworben werden. Als eine wichtige Form der politischen Bildung können die neuen Partizipationsverfahren auf diese Weise einen wichtigen Beitrag zur

---

117 Auf diese Weise stellen diese neuen Formen eine Möglichkeit der Kontaktaufnahme von Angehörigen verschiedener Nationalitäten dar und können dazu beitragen, Fremdenfeindlichkeit und Rassismus abzubauen.
118 Integration soll hier verstanden werden als die Befähigung, sich in verschiedenen Sozialräumen bzw. Milieus aufhalten zu können, sich mit Menschen anderer Herkunft, anderen Geschlechts und anderer Schichtzugehörigkeit über Erfahrungen austauschen und verschiedene Lebensstile tolerieren zu können.

politischen Inklusion[119] leisten, da sie, indem sie eine höhere Anerkennung politischer Entscheidungen (auch derjenigen der Politiker(innen)) bewirken, eine positive Rückwirkung auf das politische Geschehen haben können[120]. Ein weiteres Ergebnis der Evaluation der Foren war auch, dass die neuen Formen der politischen Partizipation durchaus dazu beitragen können, dass das Bild von Jugendlichen in der Öffentlichkeit korrigiert wird und ein Stück weit an Authentizität gewinnt. Damit kann dem negativen Image des Quartiers erfolgreich entgegengewirkt werden.

Ähnliche Ergebnisse zeigen sich auch bei der Arbeit der Vereine in den französischen Vorstädten. Aufgezeigt wurde die Gefahr einer Bedienung von Interessen spezifischer Zielgruppen. Durch deren Förderung wird nicht nur die Entstehung weiterer Ressentiments begünstigt. Es wird auch die Chance vertan, durch das Zusammenbringen verschiedener Gruppen, unterschiedlicher Milieus und Lebensstile den Sozialraum der Beteiligten zu erweitern und gegenseitige Anerkennung zu ermöglichen. Werden hingegen gemeinsame Interessen aller Quartiersbewohner(innen) vertreten, kommt es in der Regel auch zu neuen Solidaritätsformen, die ein Zusammengehörigkeitsgefühl dieser Bewohner(innen) begünstigen können. Durch diesen neuen Zusammenhalt können Interessen gegenüber der Politik erfolgreicher vertreten werden. Dadurch kann wiederum auch ein Rahmen für politische Bildung geschaffen werden. Werden die Bürger(innen) an politischen Aushandlungsprozessen direkt beteiligt, kann dies auch zur Aneignung kommunalpolitischen Wissens beitragen und das Gefühl, „man könne durchaus etwas bewegen", steigern. Ziehen alle Bürger(innen) „an einem Strang" und werden sie in ihren Bemühungen von politischer oder medialer Seite darin unterstützt, dann hat dies in der Regel auch eine positive Auswirkung auf das Image des Quartiers in der Öffentlichkeit.

Allerdings muss man auch auf die Grenzen der direkten Partizipation hinweisen. Zweifellos können nicht alle Themen des Alltags in Foren oder in Vereinen debattiert werden. In kommunalen Gremien sollten eben auch nur kommunal relevante Themen behandelt werden, was nicht ausschließt, das sich Arbeitsgruppen auch mit übergreifenden Fragestellungen auseinander setzen und ihre Ergebnisse als Input in das Plenum senden. Zudem kann politische Partizipation auch keine sozialpädagogischen Interventionen ersetzen. Das

---

119 Politische Inklusion meint hier die Befähigung, sich mit demokratischen Grundsätzen auseinander zu setzen und die eingangs zitierten Aspekte diskursiver Verfahren (Rationalität und Fairneß, Kritik und Konflikt, Versöhnung und Solidarität) nachzuvollziehen und anzuwenden.
120 Angesichts der fehlenden Möglichkeiten der politischen Partizipation für die Bevölkerung mit Migrationshintergrund sind die neuen Formen der politischen Partizipation für diese Gruppe ein besonders wichtiges Feld der politischen Inklusion.

Verhältnis zwischen politischer Partizipation und Sozialpädagogik ist ein komplementäres, aber kein die beiden Aspekte gegenseitig ersetzendes. Außerdem kann man nicht behaupten, dass durch die neuen partizipativen Verfahren in jeder Hinsicht auch bessere oder gerechtere Entscheidungen gefällt werden. Dies kann nur im Einzelfall beurteilt werden. Allerdings erzielen die neuen Formen der politischen Partizipation generell eine verbesserte Legitimation der Entscheidungen, da die Betroffenen die Entscheidungen selbst entwickelt und festgelegt haben und für sich diese auch verantwortlich fühlen.

Erfordernisse der politischen Partizipation und der Deliberation in der pluralistischen Demokratie

Berücksichtigt man den Erfolg der direkten partizipativen Verfahren, so ist offensichtlich, dass ein „Weg zurück" zum repräsentativen politischen System als alleiniger Entscheidungsträger von der Bevölkerung nicht mitgetragen wird (vgl. auch Wessels 1997, S. 227). Wird dem „Hunger nach Sinnerlebnissen" nicht angemessen Rechnung getragen, könnte die pluralistische Demokratie durchaus in Gefahr geraten (vgl. auch Wehner 1997, S. 256f.). Auch Politiker(innen) verschiedener Parteien tendieren deshalb in letzter Zeit verstärkt dazu, erste Schritte für eine Reform der politischen Partizipation einzufordern. Unklar ist allerdings weiterhin, wann, wie und bei welchen Themen Partizipation als Mittel zur Entscheidungsfindung eingesetzt werden soll und wie sie mit den institutionalisierten Formen der politischen Willensbildung harmonieren können (vgl. Sarcinelli 1997, S. 329).

Klar ist jedoch, dass eine Kooperation zwischen den einzelnen Formen des zivilgesellschaftlichen Engagements von den Nichtregierungsorganisationen, den partizipativen Verfahren auf kommunaler Ebene bis hin zu den Neuen Sozialen Bewegungen immer erforderlicher wird, um die pluralistische Demokratie zu stabilisieren. Mit anderen Worten ausgedrückt, falls sich ein Part gegen eine Kooperation stellt, gefährdet er auch gleichzeitig den Fortbestand der pluralistischen Demokratie.

Um ein kompatibles und komplementäres Verhältnis zwischen dem repräsentativen politischen System und dem aktuellen zivilgesellschaftlichen Engagement zu erhalten, ist es wichtig, sowohl den Aspekt der Deliberation als auch den der Partizipation angemessen zu berücksichtigen. Nur wenn beide Prinzipien realisiert werden, kann es sowohl zur erforderlichen demokratischen Legitimation als auch zur notwendigen politischen Effektivität von Entscheidungen kommen. Ein einseitiger Ausbau der Partizipation würde die Ergebnisse nicht besser machen. Die Gefahr, dass sich Einzelinteressen statt Interessen der Allgemeinheit durchsetzen, wäre gewiss sehr hoch. Lediglich auf die Erweiterung plebiszitärer oder anderer Entscheidungsprozeduren zu drängen, verkennt die Notwendigkeit eines intensiven Austauschs, eines ausdiskutierten Konsenses, der sowohl die Komplexität der gesellschaftlich relevanten Probleme angemessen berücksichtigt als auch die Interessen der Teilnehmer(innen). Die politische Effektivität käme dabei zu kurz. Auf der anderen Seite reicht es auch nicht, nur die deliberativen Verfahren auszubauen ohne die Betroffenen in einer adäquaten Art und Weise an den Willensbildungs- und Entscheidungsprozessen zu beteiligen. Dies bedeutete lediglich einen Ausbau der Expertenrunden, nicht aber den Abbau von Politikverdrossenheit in der Bevölkerung. Zudem bliebe die demokratische Legitimität dabei auf der Strecke.

In Bezug auf die ersten erforderlichen Schritte sollten aus meiner Sicht zunächst vor allem die partizipativen Verfahren auf *kommunaler Ebene* gestärkt werden. Sie könnten aufgrund ihrer außerordentlich erfolgreichen Verbindung von Authentizität, Praktikabilität, Effektivität und Kompatibilität eine Vorreiterrolle einnehmen, da sie selbst zugleich institutionalisierte und plebiszitäre Elemente beinhalten. Diese sollten sich stets ergänzen (vgl. Luthardt/ Waschkuhn 1997, S. 71; auch Benz 1997, S. 107f.). Zu berücksichtigen sind bei der Wahl des partizipativen Verfahrens aber auch die Themen bzw. die Wichtigkeit der Themen. Im Zuge der Etablierung solch partizipativer Verfahren auf kommunaler Ebene wäre dann auch an einen Ausbau der Partizipationsformen auf den anderen territorialen Ebenen zu denken. Sind solche Verfahren eingerichtet, gibt es starke Gründe dafür zu vermuten, dass auch der Rationalitätsgehalt der Diskussionen mit der Zeit zunehmen könnte. Die Einrichtung der Verfahren ist ja eine zentrale Voraussetzung für die Entwicklung und Steigerung der moralischen und kognitiven Kompetenzen der Teilnehmer(innen) (vgl. hierzu auch Schmalz-Bruns 1995, S. 200).

Insgesamt betrachtet, gibt es kein Patentrezept für den Einsatz partizipativer und deliberativer Verfahren. Das Beispiel der Schweiz verdeutlicht zudem immer wieder, dass es auch „retardierende und innovationshemmende Momente" einer direkten Partizipation gibt (vgl. Luthardt/ Waschkuhn 1997, S. 60). Schmalz-Bruns (1995, S. 53) plädiert deshalb in Anlehnung an Amy Gutman dafür, dass nicht Partizipation schlechthin prämiert werden solle, sondern nur „(...) solche Formen der Teilhabe, die gleichzeitig zu einer diskursiven Rationalisierung der Willensbildung beitragen". Gezielte, räumlich, sachlich und zeitlich begrenzte Partizipationsangebote sind effektiver als eine Forderung nach linearer und ubiquitärer Partizipation. Insofern muss das „Projekt der Selbstregierung" (vgl. Rödel/Frankenberg/Dubiel 1989, S. 103), in dem die Zivilgesellschaft als Steuerungszentrum in den Mittelpunkt der politischen Agenda gerückt wird, einerseits als eine Überforderung der Akteurinnen und Akteure interpretiert werden (vgl. auch Klein 2001, S. 358). Andererseits sollte auch nicht außer Acht gelassen werden, das zivilgesellschaftliches Engagement nicht per se als demokratieförderlich bzw. -tauglich angesehen werden kann[121]. Die Forderung nach einer „verständigungsorientierten Steuerungsinstanz" (vgl. Rödel/Frankenberg/ Dubiel 1989, S. 164) durch zivilgesellschaftliche Akteurinnen und Akteure verkennt zudem die Bedeutung des repräsentativen Systems und insofern auch die notwendige Komplementarität zwischen dem repräsentativen politischen System und den direkten Partizipationsformen. Die erforderliche Kooperation zwischen den beiden Ebenen des politischen Systems wird dadurch erschwert.

Statt die Chancen einer sinnvollen Kooperation zu verspielen und somit die Stabilisierung der pluralistischen Demokratie zu gefährden, sollte versucht werden,

> „(...) die demokratischen Ideale der Selbstgesetzgebung und Selbstregierung zu verbinden und den Forderungen nach einer Verbesserung der Legitimität, Qualität und Effizienz demokratischer Politik auch unter den Bedingungen hoher Komplexität" gerecht zu werden (Schmalz-Bruns 1995, S. 19).

Schmalz-Bruns kritisiert zurecht die institutionellen Defizite der Verfahren des repräsentativen politischen Systems und beklagt die Rationalitätsdefizite staatlichen Handelns. Um die Rationalität kollektiver Entscheidungen zu erhöhen, schlägt Schmalz-Bruns (vgl. 1995, S. 148f.) vor, sowohl an

> „(...) der kognitiven wie moralischen Qualität der individuellen Präferenzen auf der Input-Seite des politischen Entscheidungsprozesses (...) [anzusetzen, d.Verf.] wie an den Strukturen und institutionellen Mechanismen, die den Throughout, also den Grad der Berücksichtigung von Interessen, Informationen und Erkenntnissen bestimmen".

Damit soll das Zusammenspiel zwischen repräsentativen Verfahren auf der einen und partizipatorischen und deliberativen Verfahren der Willensbildung und Entscheidungsfindung auf der anderen Seite optimiert werden. Veränderungen stehen dann sowohl bei den subjektiven Voraussetzungen der Bürger(innen) als auch bei den institutionellen Vorgaben bzw. den partizipatorischen Strukturelementen an. Die Aufgabe der Institutionen sollte es sein, sowohl eine egoistische Interessenbildung und -durchsetzung als auch eine Instrumentalisierung von Interessen durch „strategisch gesonnene Akteure" (Schmalz-Bruns 1995, S. 151) zu verhindern. Es geht eben darum, Partizipation *und* Deliberation als die wichtigsten Elemente einer Rationalisierung der politischen Willensbildung und Entscheidungsfindung durch eine Veränderung institutioneller Verfahren zu verbessern bzw. zu optimieren. Solche Institutionalisierungsformen partizipativer und deliberativer Verfahren sind z.B. von Barber (1994, S. 241ff., zu-

---

121 Zu viele Bürgerinitiativen verfolgen egoistische oder gruppenspezifische Interessen, die die Freiheit Anderer einschränken bzw. verletzen.

sammenfassend S. 290) entwickelt worden. Allerdings plädiert Barber gleichzeitig für eine Anwendung „mit Mäßigung" und einigen Restriktionen. Diese Zurückhaltung ist bezeichnend und auch kaum verwunderlich. Schließlich gibt es nicht genügend konkrete Untersuchungen und Evaluationen zu den aktuellen Formen des zivilgesellschaftlichen Engagements, die die mögliche Richtung der Entwicklung empirisch abstützen könnten. Es zeigt sich, dass es hier noch einen enormen Forschungsbedarf gibt.

# 5. Eine aktive Stadtpolitik unter Berücksichtigung der sozioökonomischen und politischen Ressourcen der Jugendlichen

Eigene Ressourcen der Jugendlichen sind durchaus vorhanden. Denn sowohl in nahezu allen *Banlieues* als auch in den sog. „sozialen Brennpunkten" der BRD sind neben den beschriebenen Marginalisierungsprozessen auch Gegentendenzen zu beobachten[122]. Betrachtet man sich die informellen Strukturen, die Netzwerke und Kontakte der Jugendlichen genauer, kann man vielerlei Formen der Selbstorganisation entdecken (vgl. hierzu auch Loch 2001, S. 10). Solche informellen Kontakte werden vornehmlich in den beiden Bereichen „peer-group" und „Arbeit" entwickelt, wobei diese beiden Aspekte meist miteinander verknüpft werden. Die peer-group wird für Zwecke der Arbeitssuche instrumentalisiert und auch vice versa. Nicht selten werden auf diese Weise im Bereich kleiner Unternehmen und Händler, in der verbliebenen Industrie oder auch in Vereinen, den *Mission locales*, Jobs gesucht und gefunden.

*Loch* beschreibt in Bezug auf die Situation in Frankreich, dass durch die Verknüpfung der beiden Aspekte peer-group und Arbeit aus eigener Kraft Leistungen der sozialen wie der ökonomischen Integration vollzogen werden, ohne auf die Hilfe von außen angewiesen zu sein. So gelingt es doch vielen Jugendlichen, mit Hilfe informeller Netze einen Job als Arbeiter zu bekommen oder sogar den Sprung in die Selbständigkeit als Kleinunternehmer(in) zu schaffen. Während die soziale Selbstorganisation von den Behörden nur wenig beachtet, zumindest in ihrer Reichweite als Ansatzpunkt für die Verbesserung ihrer Situation verkannt wird, ist die ökonomische Form der „Selbst-Integration" den Behörden meistens sogar ein Dorn im Auge, weil sie häufig am Rande der Legalität stattfindet.

In Bezug auf die soziale Integration vollziehen die Bewohner(innen) der *Banlieues* trotz ihrer desolaten Situation beträchtliche Eigenleistungen. Häufig diskrete, aber aktive gemeinschaftliche Netzwerke bestehen in den Mietshäusern, zwischen den Nachbarn und vor allem innerhalb der peer-group. Al-

---

[122] Leider gibt es in Frankreich zu diesem Thema – anders als übrigens in Deutschland – bisher kaum Literatur.

lerdings scheinen etablierte Vereinigungen hier nur wenig Erfolg auf Einwirkungen zu haben. Die Bewohner(innen) bevorzugen es, auf bekannte Kreise innerhalb ihrer primären Gemeinschaften zurückzugreifen. Diese werden immer wieder benutzt, um die Alltagsprobleme zu bewältigen, um sich gemeinsam gegen zu hohe Mieten zu wehren, kleine Dienstleistungen zu erbringen oder auch die Freizeit miteinander zu gestalten. Die Bedeutung dieser egozentrierten Formen des Sozialkapitals wird bei der Bewältigung sozialer Probleme seitens der Behörden aber immer wieder unterschätzt (vgl. Worms 2001, S. 367).

In Bezug auf die ökonomische Integration bewegen sich die Personen dieser informellen Netze häufig in der Grauzone zwischen Legalität und Illegalität. Dabei handelt es sich in der Regel um den Tausch sowohl erlaubter als auch nur in bestimmten Mengen erlaubter Produkte (z.B. der legale, begrenzte Besitz von Zigaretten, Alkohol oder anderen Rauschmitteln), der in diesem Fall von außen jedoch meist ausschließlich als Drogenhandel, in anderen Fällen als Prostitution oder auch als Waffenschmuggel deklariert wird[123]. Bezeichnend für diese Art der Tauschgeschäfte dieser Netze der Parallelökonomie sind die Ausschaltung der Normen, Regelungen, Kontrollen und der ganzen Rationalität der internationalen Handelsabkommen[124]. Sie finden in der Regel ohne schriftliche Vereinbarungen und ohne administrative Formalitäten statt. Obwohl immer fernere Städte miteinander verbunden werden, bleiben die sozialen Bindungen bei den meisten der sich am Handel beteiligenden Personen bestehen.

Die Funktion der Parallelökonomie in Stadtteilen wie z.B. *Belsunce* in Marseille wird häufig unterschätzt. Hier findet man einen blühenden Handel, der einerseits maßgeblich zur ökonomischen Integration des Stadtteils in die Großstadt Marseille beiträgt und andererseits auch den meist immigrierten Teilen der Bevölkerung einen ausreichenden Lebensstandard ermöglicht.

*Alain Tarius* (1997b, S. 185f.) unterscheidet zwischen drei Gruppen, die sich im Bereich der Parallelökonomien betätigen: Auf der einen Seite gibt es die Ärmsten, die sich nicht im Handel betätigen, sondern versuchen, sich mittels Schwarz- oder Saisonarbeit über Wasser zu halten. Auf der anderen Seite gibt es ein Netz an Händlerfamilien, vornehmlich arabische Lebensmittelhändler, die allmählich in die französische Gesellschaft integriert werden. Zudem existiert eine kleine Gruppe, die den gesamten Handel organisiert und koordiniert. Sie sind Handelsunternehmer, d.h., sie koordinieren die einzelnen Aufgaben der Menschen und organisieren die Warenströme. So bestimmt z.B. in Perpignan eine Gruppe von zwanzig Personen über eine riesige Gruppe von „Ameisen",

---

123 Vgl. hierzu und den folgenden Ausführungen Tarius 1997a.
124 Sie sind den üblichen Tauschformen aber nicht völlig fremd, wenn man auch solche Möglichkeiten wie Flohmärkte berücksichtigt.

die den Transport oder auch den Verkauf an Ort und Stelle sicher stellen[125]. *Tarius* differenziert in Bezug auf die Lebensweisen der Händler zwischen Diaspora, Nomadentum und Wanderschaft. Das Mitglied der Diaspora bleibt einerseits den bereits erworbenen sozialen Bindungen treu, unternimmt andererseits jedoch zahlreiche Versuche, sich in die Aufnahmegesellschaft zu integrieren. Die Nomaden sind gegenüber dem Herkunftsort treu, gegenüber den Integrationsperspektiven der Aufnahmegesellschaft eher distanziert eingestellt. Ihre beruflichen Kenntnisse sind mit den seitens der Aufnahmegesellschaft geforderten nur selten kompatibel. Dies ist vermutlich auch der Grund, warum die Integration blockiert wird. Der Wanderer verhält sich sowohl gegenüber seinem Herkunftsort als auch seiner Aufnahmegesellschaft distanziert. Die Situationen, in denen die verschiedenen Einstellungen der einzelnen Gruppen zum Vorschein gelangen, sind den offiziellen Ökonomien und Normen der Aufnahmeorte fremd. Die sich hinter den Situationen verbergenden Logiken und Strategien der Migrant(inn)en sind für die Administration der Immigration unlesbar und unverständlich. Als Konsequenz aus der Hilflosigkeit der Verwalter werden die Personen in die Peripherien der Großstädte gedrängt. Dort bilden sich neue Milieus, deren Mitglieder alle möglichen Wege der Selbstorganisation ausprobieren. Auch diese werden nur selten von den örtlichen Behörden toleriert. In der Regel geraten sie aber erst über die sozio-ökonomische Ausgrenzung zu partiell illegalen Handlungen, aufgrund deren sie anschließend diskriminiert und stigmatisiert werden.

An diesem Beispiel zeigt sich, dass diejenigen Immigrant(inn)en, die im Rahmen ihrer Selbstorganisation Praktiken in der Grauzone zwischen Legalität und Illegalität anwenden, von den Institutionen der Aufnahmegesellschaft blockiert werden. Waren zunächst die „mitgebrachten Kenntnisse" der Immigrant(inn)en nicht kompatibel mit den Bedürfnissen der Aufnahmegesellschaft, so sind es jetzt ihre Praktiken, die mehr oder weniger von den entsprechenden Behörden unterbunden werden. Die Bereitschaft der Immigrant(inn)en, Wege zu finden, sich „selbst aus dem Sumpf zu ziehen, werden von den örtlichen Behörden nun vehement blockiert. Diese Blockade führt dann fast zwangsweise zu einer weiteren Diskriminierung und Stigmatisierung als „Kleinkriminelle".

Eine solche Perspektive soll die tatsächlich vorhandenen strukturellen Probleme der Menschen in den Vierteln nicht kleinreden. Um eine Perspektive zu entwickeln, die Situation der Bewohner(innen) marginalisierter Quartiere zu verändern, wäre es jedoch wichtig, ihre Ressourcen, über die sie gemäß dieser

---

125 Eine Organisation eigener Ressourcen ist dies allerdings nur noch in der Hinsicht, dass hier der Lebensunterhalt ohne staatliche Hilfen gesichert wird.

Beispiele durchaus verfügen, anzuerkennen, in geeignete Bahnen einer lokalen Ökonomie zu lenken und dementsprechend zu unterstützen. Insbesondere nach jetzt über zwanzigjähriger Laborarbeit durch die *Politique de la Ville* scheint die Suche nach Alternativen wichtiger denn je. Eine Perspektive könnte deshalb darin liegen, die Ressourcen z.B. der Jugendlichen in der Öffentlichkeit aufzuwerten und die Gründung neuer sozialer Initiativen und einer starken Solidarität zu unterstützen. Auch die Entkriminalisierung von Straftaten im Bereich der Kleinkriminalität, die der Sicherstellung des eigenen Lebensunterhalts dienen, ist notwendig, um Stigmatisierung und Ausgrenzung zu verhindern (vgl. hierzu Ottersbach/Trautmann 1999). Denn ohne eine Aufdeckung der Mechanismen der Diskriminierung der Praktiken und der Stigmatisierung und der Ausgrenzung der Bewohner(inn)en marginaliserter Quartiere wird der Unmut der Bevölkerung zunehmen und der Verfall der Vorstädte vermutlich fortschreiten.

In der BRD verhält sich die Situation nicht grundlegend anders. Auch hier gibt es nach wie vor zahlreiche paternalistisch orientierte Modelle, die Jugendliche in marginalisierten Quartieren als Hilfebedürftige sehen und eine konsequente politische Partizipation eher verhindern als fördern. Rein kompensierende sozialstaatliche Maßnahmen, die ohne eine Beteiligung der Bewohner(innen) etabliert werden, ähneln einem „Tropfen auf dem heißen Stein" oder bewirken sogar das Gegenteil von dem, was beabsichtigt war.

Dabei sind die präsentierten Foren in der BRD und die Vereine in den französischen Vorstädten nur zwei Beispiele. Stadtteilforen, Zukunftswerkstätten und Planungszellen sind Verfahren, die durchaus auch mit Jugendlichen durchgeführt werden können. Ein großer Vorteil dieser Verfahren ist, dass Jugendliche durch eine Einbindung in solche Verfahren rechtzeitig in demokratische Prozesse eingebunden werden können.

Um eine weitere Marginalisierung der *Banlieues* zu verhindern, müsste mit andern Worten die Bedeutung der zivilen Gesellschaft als Bestandteil des republikanischen Modells, insbesondere die direkten Formen der demokratischen Beteiligung wiederbelebt werden. Es geht vor allem darum, die Bewohner(inn)en marginalisierter Quartiere wieder zu Akteur(inn)en zu machen und ihre Handlungs- und Entscheidungsmöglichkeiten zu vergrößern. Allerdings reicht die Arbeit der Vereine für dieses Vorhaben alleine wohl nicht aus. Es müssten zudem andere Formen und Foren gefunden werden, in denen Jugendliche ihre Meinungen einerseits in Gruppen artikulieren und diskutieren können, andererseits aber auch im Rahmen einer breiten Öffentlichkeit kundtun können, damit das von den Medien immer wieder produzierte und bestätigte negative Bild von den Vorstädten endlich korrigiert werden kann.

Insgesamt muss es darum gehen, sowohl die politischen, die sozialen als auch die ökonomischen Ressourcen der Bewohner(innen) marginalisierter Quartiere ernst zu nehmen und angemessen zu fördern. Die Stärken und Potenziale der Bewohner(innen) hinsichtlich der Gestaltung der lokalen Ökonomie und der politischen Partizipation gilt es in besonderem Maße hervorzuheben, weil sie die zentralen Bausteine für eine Verbesserung der Situation marginalisierter Quartiere darstellen. Einerseits müsste die wirtschaftliche Entwicklung dieser Quartiere durch kleinräumliche, d.h. lokal ansetzende Instrumente der Wirtschafts-, Existenz- und Beschäftigungsförderung angeregt werden. Die Strukturen existierender lokaler Milieus dürfen dabei nicht zerstört werden, sondern müssen als Ressource betrachtet und im Kontext von Netzwerken zwischen Schulen, Jugendhilfeeinrichtungen, Betrieben und relevanten kommunalen Behörden akzeptiert, gefördert und in geeignete Bahnen gelenkt werden. Andererseits muss die Unterstützung von Unternehmensgründungen und bestehenden ortsansässigen Firmen in marginalisierten Quartieren mit der Förderung von wohnortnaher Beschäftigung und Versorgung einher gehen. Im Rahmen der Beschäftigtenförderung muss durch Ausbildung, partielle und temporäre Beschäftigung die lokale Arbeitsmarktlage stabilisiert und die lokale Wirtschaft gestützt werden. Eine Kombination aus personen- und unternehmensbezogenen Ansätzen ist anzustreben, um passgenaue Vermittlungen auf Arbeitsplätze sicher zu stellen. Die Maßnahmen zur Förderung der lokalen Ökonomie müssen zudem im Kontext einer Aufwertung der politischen Ressourcen der Bewohner(innen) angegangen werden. Nur durch die Beteiligung der Bewohner(innen) an der Entwicklung solcher Maßnahmen kann auch sichergestellt werden, dass das eigene Wissen der Bewohner(innen) zur Geltung kommt. Eine Vernetzung der erwähnten Schulen, Jugendhilfeeinrichtungen, Betriebe und kommunalen Behörden muss auch die Bewohner(innen) mit ins Boot nehmen und sie als gleichberechtigte Partner akzeptieren. Geschieht dies nicht, werden sich wiederum paternalistisch orientierte Konzepte durchsetzen, die von den Jugendlichen letztendlich nicht angenommen werden, so dass die Situation marginalisierter Quartiere nicht nachhaltig verbessern werden kann.

# 6. Literatur

Alisch, M. (1997): Soziale Stadtentwicklung – Leitlinien einer Politik für benachteiligte Quartiere. Das Beispiel Hamburg. In: Hanesch, W. (Hg.): Überlebt die soziale Stadt? Konzeption, Krise und Perspektive kommunaler Sozialstaatlichkeit. Opladen, S. 345-361.

Altvater, E./Hübner, K./Lorentzen, J./Rojas, R. (Hg.) (1987): Die Armut der Nationen. Handbuch zur Schuldenkrise von Argentinien bis Zaire. Berlin.

Anderson, A. (1998): Politique de la ville: de la zone au territoire. Paris.

Anderson, A./Vieillard-Baron, H. (2000): La politique de la ville. Histoire et organisation. Paris.

Bachmann, Ch./Leguennec, N. (1995): Violences urbaines, ascension et chute des classes moyennes à travers cinquante ans de la politique de la ville. Paris.

Barber, B. (1994): Starke Demokratie. Über die Teilhabe am Politischen. Hamburg.

Barthélemy, M. (2000): Associations. Un nouvel age de la participation? Paris.

Beck, U. (1986): Die Risikogesellschaft. Auf dem Weg in eine andere Moderne. Frankfurt/Main.

Beck, U./Beck-Gernsheim, E. (1994): Riskante Freiheiten. Individualisierung in modernen Gesellschaften. Frankfurt/Main.

Benz, A. (1997): Kooperativer Staat? Gesellschaftliche Einflußnahme auf staatliche Steuerung. In: Klein, A./Schmalz-Bruns, R. (Hg.): Politische Beteiligung und Bürgerengagement in Deutschland. Bonn, S. 88-113.

Bäcker, G. (1990): Lebenslage und soziale Reformen. Probleme und Anforderungen einer solidarischen Sozialpolitik gegen Ausgrenzung und Verarmung. In: Döring, D./Hanesch, W./Huster, E.-U. (Hg.): Armut im Wohlstand. Frankfurt/Main, S. 375-398.

Bertoncello, B./de Lataulade, B. (1994): Die Bürgerbeteiligung in der Stadtpolitik Frankreichs – Mythos oder Realität? In: Froessler, R. et.al. (Hg.): Lokale Partnerschaften. Die Erneuerung benachteiligter Quartiere in europäischen Städten. Basel u.a., S. 231-239.

Bielefeld, U. (1993): Die institutionalisierte Phobie. Einige soziologisch-sozial-psychologische Anmerkungen; In: Otto, H.-U./Merten, R. (Hg.): Rechtsradikale Gewalt im vereinigten Deutschland. Jugend im gesellschaftlichen Umbruch. Opladen, S. 34-42.

Blasius, J. (1993): Gentrifikation und Lebensstile. Eine empirische Untersuchung. Wiesbaden.

Body-Gendrot, S. (1998): Les villes face à l'insecurité. Paris.

Bourdieu, P. et.al. (Hg.) (1993): La misère du monde. Paris (Deutsche Fassung: Das Elend der Welt. Zeugnisse und Diagnosen alltäglichen Leidens an der Gesellschaft. Konstanz 1997).

Bruner, C. F. (1999): Partizipation von Kindern und Jugendlichen. Sie machen nicht alles anders, aber vieles besser. In: DJI-Bulletin Heft 46, S. 5-6.

Bukow, W.-D. (2000): Zum gesellschaftlichen Standort von Kinder- und Jugendforen. Eine erste Orientierung. In: Bukow, W.-D./Spindler, S. (Hg.): Die Demokratie entdeckt ihre Kinder. Politische Partizipation durch Kinder- und Jugendforen. Opladen, S. 19-33.

Bukow, W.-D./Ottersbach, M. (Hg.) (1999): Der Fundamentalismusverdacht. Plädoyer für eine Neuorientierung der Forschung im Umgang mit allochthonen Jugendlichen, Opladen.

Bukow, W.-D./Spindler, Susanne (Hg.) (2000): Die Demokratie entdeckt ihre Kinder. Politische Partizipation durch Kinder- und Jugendforen. Opladen.

Bukow, W.-D./Nikodem, C./Schulze, E./Yildiz, E. (2001): Die multikulturelle Stadt. Von der Selbstverständlichkeit im städtischen Alltag. Opladen.

Bukow, W.-D./Yildiz, E. (2001): Der Wandel von Quartieren in der metropolitanen Gesellschaft am Beispiel der Keupstraße in Köln oder: Eine verkannte Entwicklung. In: Karpe, H./ Ottersbach, M./Yildiz, E. (Hg.): Urbane Quartiere zwischen Zerfall und Erneuerung. Köln, S. 145-182.

Bukow, W.-D. (2002): Zur Dynamik der metropolitanen Stadtgesellschaft. In: Bukow, W.-D./ Yildiz, E. (Hg.): Der Umgang mit der Stadtgesellschaft. Ist die multikulturelle Stadt gescheitert oder wird sie zu einem Erfolgsmodell? Opladen, S. 25-46.

Burdewick, I. (2003): Jugend – Politik – Anerkennung. Eine qualitative empirische Studie zur politischen Partizipation 11- bis 18-jähriger. Opladen.

Bussfeld, K. (1986): Stadterneuerung: Notwendige Erweiterung eines zu engen Politikfeldes. In: Hesse, J.J. (Hg.): Erneuerung der Politik „von unten?" Stadtpolitik und Selbstverwaltung im Umbruch. Opladen, S. 47-60.

Castel, R. (1995): Les métamorphoses de la question sociale. Chronique du salariat. Paris (Deutsche Fassung: Die Metamorphosen der sozialen Frage. Eine Chronik der Lohnarbeit. Konstanz 2000).

Champagne, P. (1997): Die Sicht der Medien. In: Bourdieu, P. et.al. (Hg.): Das Elend der Welt. Zeugnisse und Diagnosen alltäglichen Leidens an der Gesellschaft. Konstanz, S. 75-86.

Champagne, P. (1999): Die mediale Darstellung der französischen „Vorstadtproblematik". In: Westdeutscher Rundfunk Köln/Europäische Stelle zur Beobachtung von Rassismus und Fremdenfeindlichkeit (Hg.): Europäische Medienkonferenz „Kulturelle Vielfalt – gegen Rassismus". Dokumentation. Köln/Wien, S. 59-66.

Communité Urbaine de Strasbourg (o.J.): Strasbourg Sud-Est: Le territoire d'un grand projet de ville.

Dangschat, J. (1999): Modernisierte Stadt – Gespaltene Gesellschaft. Ursachen von Armut und sozialer Ausgrenzung. Opladen.

Dangschat, J./Friedrichs, J. (1988): Gentrifikation in der inneren Stadt von Hamburg. Eine empirische Untersuchung des Wandels von drei Wohnvierteln. Hamburg.

Dangschat, J./Blasius, J. (Hg.) (1994): Lebensstile in den Städten, Opladen.

Deimann, A./Ottersbach, M. (2003): Die Unterrepräsentation von Migranten im IT-Sektor: theoretische Aspekte und praktische Lösungsstrategien. In: IMIS-Schriften. Heft 22, S. 65-80.

Demirovic, A./Paul, G. (1994): Eliten gegen die Demokratie? Studierende zwischen demokratischem Selbstverständnis und rechtsextremen Ideologien. In: Institut für Sozialforschung (Hg.): Rechtsextremismus und Fremdenfeindlichkeit. Studien zur aktuellen Entwicklung. Frankfurt/Main und New York, S. 29-57.

Delarue, J.-M. (1991): Banlieues en difficulté: la relégation. Paris.

Delorme, A./Tietze, N. (2001): Nachdenken über das republikanische Integrationsmodell. Die Diskussion sozialer Ausgrenzung in der sozialwissenschaftlichen Literatur Frankreichs. In: Mittelweg 36, Heft 6, S. 49-55.

Deutsche Shell (Hg.) (2000): Jugend 2000. Opladen.

Deutsches Jugendinstitut (2002): Netzwerkstrukturen in sozialen Brennpunkten. Ergebnisse der Interviews mit Schlüsselpersonen in den Modellgebieten von E&C. Erster Teilbericht.

Deutsches Institut für Urbanistik (2003): Strategien für die Soziale Stadt – Erfahrungen und Perspektiven. Berlin.

Donzelot, J./Estèbe, Ph. (1995): L'état animateur. Essai sur la politique de la ville. Paris.

Donzelot, J. (Hg.) (1991): Face à l'exclusion. Paris.

Dubet, F. (1987): La galère: jeunes en survie. Paris.

Dubet, F./Lapeyronnie, D. (1992): Les quartiers d'Exil. Paris. (Deutsche Fassung: Im Aus der Vorstädte. Der Zerfall der demokratischen Gesellschaft. Stuttgart 1994).

Dubet, F./Martucelli, D. (1996). A l'école. Sociologie de l'expérience scolaire. Paris.

Dubet, F./Martucelli, D. (1998): Dans quelle société vivons-nous? Paris.

Duru-Bellat, M./Dubet, F. (2000): L'hypocrisie scolaire. Pour un collège enfin démocratique. Paris.
Eisner, M. (1997): Das Ende der zivilisierten Stadt? Die Auswirkungen von Modernisierung und urbaner Krise auf Gewaltdelinquenz. Frankfurt/New York.
Estèbe, Ph. (2001): La politique de la ville et la jeunesse. In: Agora, Heft 25, S. 31-38.
Feldtkeller, A. (1994): Die zweckentfremdete Stadt. Wider die Zerstörung des öffentlichen Raumes. Frankfurt/New York.
Felouzis, G./Cousin, O. (2002): Devenir collégien. Paris.
Ferchhoff, W./Neubauer, G. (1997): Patchwork-Jugend. Eine Einführung in postmoderne Sichtweisen. Opladen.
Fischer, A./Münchmeier, R. (1997): Die Lebenslage junger Menschen. In: Jugendwerk der Deutschen Shell (Hg.) (1997): Jugend '97. Zukunftsperspektiven, Gesellschaftliches Engagement, Politische Orientierungen. Opladen, S. 277-302.
Flören, I. (2000): Über Konfliktpotentiale in multikulturellen Stadtquartieren am Beispiel der Keupstraße in Köln-Mülheim. Köln (masch.).
Forst, R. (1996): Kontexte der Gerechtigkeit. Politische Philosophie jenseits von Liberalismus und Kommunitarismus. Frankfurt/Main.
Friedrich-Ebert-Stiftung (Hg.) (1998): Die soziale und politische Partizipation von Zuwanderern in der Bundesrepublik Deutschland (bearbeitet von C. Diehl, H. Esser und J. Urbahn). Bonn.
Geißler, R. (1996): Die Sozialstruktur Deutschlands. Bonn.
Gessenharter, W. (1996): Warum neue Beteiligungsmodelle auf kommunaler Ebene? Kommunalpolitik zwischen Globalisierung und Demokratisierung. In: Aus Politik und Zeitgeschichte, B 50/96.
Gläßer, H./Wiktorin, D. (2001): Neue Stadt im Norden Kölns. In: Wiktorin, D./Blenck, J./Nipper, J./Nutz, M./Zehner, K. (Hg.): Köln. Der historisch-typographische Atlas. Köln, S. 202-203.
Göschel, A. (2001): Integration und Stadt. In: Deutsche Zeitschrift für Kommunalwissenschaften, Heft 1, S. 5-11.
Grimm, S./Ronneberger, K. (1994): Weltstadt und Nationalstaat. Frankfurter Dienstleistungsangestellte äußern sich zur multikulturellen Gesellschaft. In: Institut für Sozialforschung (Hg.): Rechtsextremismus und Fremdenfeindlichkeit. Studien zur aktuellen Entwicklung. Frankfurt/Main und New York, S. 59-89.
Graffe, F./Doll, M. (2000): München – Gelungene Stadtpolitik durch die Anerkennung des Anderen? In: Schmals, K. M. (Hg.): Migration und Stadt. Entwicklungen, Defizite, Potentiale. Opladen, S. 241-260.
Habermas, J. (1988): Theorie des kommunikativen Handelns. Bd 1 und 2, Frankfurt/Main.
Habermas, J. (1990): Strukturwandel der Öffentlichkeit. Frankfurt/Main.
Habermas, J. (1992): Faktizität und Geltung. Frankfurt/Main.
Habermas, J. (1994): Über den internen Zusammenhang von Rechtsstaat und Demokratie. In: Preuß, U. K. (Hg.): Zum Begriff der Verfassung. Die Ordnung des Politischen. Frankfurt/Main, S. 83-94.
Häußermann, H. (1995): Die Stadt und die Stadt-Soziologie. Urbane Lebensweise und die Integration des Fremden. In: Berliner Journal für Soziologie, Heft 1, S. 89-98.
Häußermann, H./Siebel, W. (1987): Neue Urbanität. Frankfurt/Main.
Häußermann, H./Siebel, W. (2002): Die Mühen der Differenzierung. In: Löw, M. (Hg.): Differenzierungen des Städtischen. Opladen, S. 29-67.
Hanesch, W. (Hg.) (1997): Überlebt die soziale Stadt? Konzeption, Krise und Perspektiven kommunaler Sozialstaatlichkeit. Opladen.
Hauser, R. (1999): Die Entwicklung der Einkommensverteilung und die Einkommensarmut in den alten und neuen Bundesländern. In: Aus Politik und Zeitgeschichte, B 18, S. 3-9.

Heitmeyer, W. (1994): Das Desintegrations-Theorem. Ein Erklärungsansatz zu fremdenfeindlich motivierter, rechtsextremistischer Gewalt und zur Lähmung gesellschaftlicher Institutionen. In: Heitmeyer, W. (Hg.): Das Gewalt-Dilemma. Gesellschaftliche Reaktionen auf fremdenfeindliche Gewalt und Rechtsextremismus. Frankfurt/Main, S. 29-69.

Heitmeyer, W. (1996): Ethnisch-kulturelle Konfliktdynamiken in gesellschaftlichen Desintegrationsprozessen. In: Heitmeyer, W./Dollase, R. (Hg.): Die bedrängte Toleranz. Ethnischkulturelle Konflikte, religiöse Differenzen und die Gefahren politisierter Gewalt. Frankfurt/Main, S. 31-63.

Heitmeyer, W./Müller, J./Schröder, H. (1997): Verlockender Fundamentalismus. Frankfurt/Main.

Heitmeyer, W./Dollase, R./Backes, O. (1998): Einleitung: Die städtische Dimension ethnischer und kultureller Konflikte. In: Heitmeyer, W./Dollase, R./Backes, O. (Hg.): Die Krise der Städte. Analysen zu den Folgen desintegrativer Stadtentwicklung für das ethnisch-kulturelle Zusammenleben. Frankfurt/Main, S. 9-17.

Hugger, P. (1995): Traditionelle Sphären der Gewalt. In: Hugger, P./Stadler, U. (Hg.): Gewalt. Kulturelle Formen in Geschichte und Gegenwart. Zürich, S. 28-61.

Institut für Landes- und Stadtentwicklungsforschung (ILS) des Landes Nordrhein-Westfalen (Hg.) (2001): Integration von Migrantinnen und Migranten im Wohnbereich. Dortmund (bearbeitet von H. Hanhörster).

Institut für Landes- und Stadtentwicklungsforschung (ILS) des Landes Nordrhein-Westfalen/ Arbeitsgruppe Bestandsverbesserung am Institut für Raumplanung (IRPUD) der Universität Dortmund (Hg.) (2002): Integrierte Stadtentwicklung auf dem Weg zur Verstetigung. Gelsenkirchen-Birmarck/Schalke-Nord. Dortmund (bearbeitet von K. Austermann, M. Ruiz und M. Sauter).

Jugendwerk der Deutschen Shell (Hg.) (1997): Jugend '97. Zukunftsperspektiven, Gesellschaftliches Engagement, Politische Orientierungen. Opladen.

Khosrokhavar, F. (1997): L'islam des jeunes. Paris.

Khosrokhavar, F./Tietze, N. (1999): Violence, médias et intégration: Strasbourg et le quartier du Neuhof. In: Wieviorka, M. (Hg.): Violence en France. Paris, S. 243-306.

Klein, A. (2001): Der Diskurs der Zivilgesellschaft. Politische Hintergründe und demokratietheoretische Folgerungen. Opladen.

Krämer-Badoni, T. (2001): Urbanität und gesellschaftliche Integration. In: Deutsche Zeitschrift für Kommunalwissenschaft, Heft 1, S. 12-26.

Kühr, J. (2001): Die Banlieue, eine ausgegrenzte Vorstadt? In: Karpe, H./ Ottersbach, M./Yildiz, E. (Hg.): Urbane Quartiere zwischen Zerfall und Erneuerung. Köln, S. 77-98.

Lapeyronnie, D. (1998): Jugendkrawalle und Ethnizität. In: Heitmeyer, W./Dollase, R./Backes/O. (Hg.): Die Krise der Städte. Analysen zu den Folgen desintegrativer Stadtentwicklung für das ethnisch-kulturelle Zusammenleben. Frankfurt/Main, S. 297-316.

Lapeyronnie, D. (2001): Die Ordnung des Formlosen. Die soziale und politische Konstruktion des Rassismus in der französischen Gesellschaft. In: Mittelweg 36, Heft 3, S. 79-92.

Lemert, E. M. (1975): Der Begriff der sekundären Devianz. In: Lüdersen, K./Sack, F. (Hg.): Seminar Abweichendes Verhalten I. Die selektiven Normen der Gesellschaft. Frankfurt/Main, S. 433-476.

Lepoutre, D. (1997): Cœur de banlieue. Codes, rites et langages. Paris.

Liell, Ch. (1999): Der Doppelcharakter von Gewalt: Diskursive Konstruktion und soziale Praxis. In: Neckel, S./Schwab-Trapp, M. (Hg.): Ordnungen der Gewalt. Beiträge zu einer politischen Soziologie der Gewalt und des Krieges. Opladen, S. 33-54.

Loch, D. (1998): Soziale Ausgrenzung und Anerkennungskonflikte in Frankreich. In: Heitmeyer, W./Dollase, R./Backes/O. (Hg.): Die Krise der Städte. Analysen zu den Folgen desintegrativer Stadtentwicklung für das ethnisch-kulturelle Zusammenleben. Frankfurt/Main, S. 266-298.

Loch, D. (1999): Vorstädte und Einwanderung. In: Christadler, M./Uterwedde, H. (Hg.): Länderbericht Frankreich. Bundeszentrale für politische Bildung. Bonn, S. 118-138.
Loch, D. (2001): Jugendliche maghrebinischer Herkunft zwischen Stadtpolitik und Lebenswelt. Unveröffentliches Typoskript, Bielefeld.
Luthardt, W./Waschkuhn, A. (1997): Plebiszitäre Komponenten in der repräsentativen Demokratie. Entwicklungsstand und Alternativen. Bonn, S. 59-87.
Ministerium für Städtebau und Wohnen, Kultur und Sport (MSWKS) des Landes Nordrhein-Westfalen (Hg.) (o.J.): Modellprojekt „Interkulturelle Stadtentwicklung". Düsseldorf (bearbeitet von B. Gringel, U. Mölders und S. Wilbrand).
Ministerium für Gesundheit, Soziales, Frauen dun Familie (MGSFF) des Landes Nordrhein-Westfalen (Hg.) (o.J.): Politische Teilhabe von Zugewanderten in der Kommune. Die Praxis in Bonn, Duisburg und Solingen. Düsseldorf (bearbeitet von M. Ottersbach).
Münchmeier, R. (1998): „Entstrukturierung" der Jugendphase. Zum Strukturwandel des Aufwachsens und zu den Konsequenzen für Jugendforschung und Jugendtheorie. In: Aus Politik und Zeitgeschichte, B 31/98, S. 3-13.
Nassehi, A. (2002): Dichte Räume. Städte als Synchronisations- und Inklusionsmaschinen. In: Löw, M. (Hg.): Differenzierungen des Städtischen. Opladen, S. 211-232.
Neubert, D. (2001): Entwicklungssoziologie: empirische Wende und Ansätze zur neuen Theoriebildung. In: Zeitschrift für Soziologie, Heft 3, S. 48-63.
Ottersbach, M. (2001a): Neue Formen der politischen Partizipation: Kinder- und Jugendforen zwischen Alibi-Funktion und direkter Demokratie. In: Forschungsjournal Neue Soziale Bewegungen, Heft 1/2001, S. 34-39.
Ottersbach, M. (2001b): Gesellschaftliche Karrieren kurdischer Selbständiger in der Bundesrepublik Deutschland. In: Kurdische Studien, Heft 2, S. 85-108.
Ottersbach, M. (2001c): Kinder- und Jugendforen als Beispiel neuer Formen der politischen Öffentlichkeit. In: Aus Politik und Zeitgeschichte. Beilage zur Wochenzeitung Das Parlament, B 44, S. 17-23.
Ottersbach, M. (2001d): Das Leben in marginalisierten Quartieren in der BRD. In: Karpe, H./Ottersbach, M./Yildiz, E. (Hg.): Urbane Quartiere zwischen Zerfall und Erneuerung. Köln, S. 99-119.
Ottersbach, M. (2001e): Neo-Rassismus in Frankreich und in Deutschland – ein Vergleich. In: Die Brücke. Forum für antirassistische Politik und Kultur, Heft 2, S. 33-38.
Ottersbach, M. (2001f): Jugendgewalt in Frankreich und in der BRD – Parallelen und Differenzen. In: Dokumente. Zeitschrift für den deutsch-französischen Dialog, Heft 3, S. 234-240.
Ottersbach, M. (2003a). Außerparlamentarische Demokratie. Die neuen Bürgerbewegungen als Herausforderung an die Zivilgesellschaft. Frankfurt/New York.
Ottersbach, M. (2003b): Die Marginalisierung städtischer Quartiere als theoretische und praktische Herausforderung. In: Aus Politik und Zeitgeschichte, B 28, S. 32-39.
Ottersbach, M./Trautmann, S. K. (1999): Jugendkriminalität in der Einwanderungsgesellschaft. Perspektiven einer Entskandalisierung des Phänomens der „Ausländerkriminalität". In: Ottersbach, M./Trautmann, S. K. (Hg.): Integration durch soziale Kontrolle? Zu Kriminalität und Kriminalisierung allochthoner Jugendlicher, Köln 1999, S. 121-170.
Paugam, S. (1991): La disqualification sociale. Essai sur la nouvelle pauvreté. Paris.
Paugam, S. (1996): L'exclusion, l'état des savoirs. Paris.
Rödel, U./Frankenberg, G./Dubiel, H. (1989): Die demokratische Frage. Frankfurt/ Main.
Ronneberger, K./Lanz, St./Jahn, W. (1999): Die Stadt als Beute. Bonn.
Rosanvallon, P. (1995): La nouvelle question sociale. Repenser l'État-providence. Paris.
Roth, R. (1994): Demokratie von unten. Neue soziale Bewegungen auf dem Wege zur politischen Institution. Köln.

Sarcinelli, U. (1997): Demokratiewandel im Zeichen medialen Wandels? Politische Beteiligung und politische Kommunikation. In: Klein, A./Schmalz-Bruns, R. (Hg.): Politische Beteiligung und Bürgerengagement in Deutschland. Bonn, S. 314-345.
Sartre, J.-P. (1962): Das Sein und das Nichts. Reinbeck bei Hamburg.
Schäfers, B./Wewer, G. (Hg.) (1996): Die Stadt in Deutschland. Soziale, politische und kulturelle Lebenswelt. Opladen.
Scheerer, S. (1978): Der politisch-publizistische Verstärkerkreislauf. Zur Beeinflussung der Massenmedien im Prozeß strafrechtlicher Normgenese. In: Kriminologisches Journal, Heft 10.
Schmals, K. M./Heinelt, H. (Hg.) (1997): Zivile Gesellschaft. Entwicklung, Defizite, Potentiale. Opladen.
Schmalz-Bruns, R. (1995): Reflexive Demokratie. Die demokratischen Transformationen moderner Politik. Baden-Baden.
Schnapper, D. (1994): La Communauté des citoyens. Sur l'idée moderne de nation. Paris.
Schröder, R. (1995): Kinder reden mit! Beteiligung an Politik, Stadtplanung und Stadtgestaltung. Weinheim, Basel.
Selle, K. (1994): Lokale Partnerschaften – Organisationsformen und Arbeitsweisen für kooperative Problembearbeitung vor Ort. In: Froessler, R./Lang, M./Selle, K./Staubach, R. (Hg.): Lokale Partnerschaften. Die Erneuerung benachteiligter Quartiere in europäischen Städten. Basel Boston Berlin.
Soja, E. W. (1995): Postmoderne Urbanisierung. In: Fuchs, G./Moltmann, B./ Prigge, W. (Hg.): Mythos Metropole. Frankfurt/Main, S. 143-164.
Stadt Köln u.a. (Hg.) (o.J.a): Stadtsanierung. Köln.
Stadt Köln u.a. (Hg.) (o.J.b): Veränderungsprozesse und Konfliktebenen in der Keupstraße. Dokumentation. Köln.
Sueur, J.-P. (1998): Demain la ville. Rapport présenté à Martine Aubry, ministre de l'Emploi et de la Solidarité vom 13. Februar 1998, Band I und II. Paris.
Tarius, A. (1997a): Fin de siècle incertaine à Perpignan. Drogues, communités ethniques, chômage des jeunes et renouveau des civilités dans uns ville moyenne française. Perpignan.
Tarius, A. (1997b): Ethnizisierung der grenzüberschreitenden Parallelökonomien von Psychotropen zwischen Barcelona und Perpignan. Soziale Umstrukturierungen und neue Vereinsdynamik in einer mittleren französischen Stadt. In: Brech, J./Vanhué, L. (Hg.): Migration – Stadt im Wandel. Darmstadt, S. 184-189.
Tekin, U./Yildiz, E. (1999): Skandalisierung allochthoner Jugendlicher durch Kriminalisierung. In: Ottersbach, M./Trautmann, S. K. (Hg.): Integration durch soziale Kontrolle? Zu Kriminalität und Kriminalisierung allochthoner Jugendlicher. Köln, S. 95-120.
Tietze, N. (2001): Die Herausforderung, Konflikte positiv zu bewerten: Stadtgewalt in Straßburg-Neuhof. In: Karpe, H./Ottersbach, M./Yildiz, E. (Hg.): Urbane Quartiere zwischen Zerfall und Erneuerung. Köln, S. 123-144.
Touraine, A. (1969): La société Post-industrielle. Naissance d'une société. Paris.
Ueltzhöffer, J. (1996): Wege zur Bürgergesellschaft: die Geislinger Studie. In: Wendt, W. R. u.a. (Hg.): Zivilgesellschaft und soziales Handeln. Bürgerschaftliches Engagement in eigenen und gemeinschaftlichen Belangen. Freiburg, S. 121-137.
Van Zanten, A. (2001): L'école de la périphérie. Scolarité et ségrégation en banlieue. Paris.
Vieillard-Baron, H. (1996): Banlieue, ghetto impossible. Paris.
Vieillard-Baron, H. (1997). Les Banlieues. Paris.
Vieillard-Baron, H. (2001): Les banlieues. Des singularités françaises aux réalités mondiales. Paris.
Villechaise-Dupont, A. (2000): Amère banlieue. Les gens des grands ensemble. Paris.

von Trotha, T. (1997): Zur Soziologie der Gewalt. In: von Trotha, T. (Hg.): Soziologie der Gewalt. Opladen (Sonderheft der Kölner Zeitschrift für Soziologie und Sozialpsychologie).

Wacquant, L.J.D. (1993): Banlieues françaises et ghetto noir américain. Élements de comparison sociologique. In: Wieviorka, M. (Hg.): Racisme et modernité. Paris.

Wacquant, L.J.D.(1997): Über Amerika als verkehrte Utopie. In: Bourdieu, P. et. al. (Hg.): Das Elend der Welt. Zeugnisse und Diagnosen alltäglichen Leidens an der Gesellschaft. Konstanz, S. 169-178.

Wacquant, L.J.D. (2001): Logiken urbaner Polarisierung: Der Blick „von unten". In: Berliner Journal für Soziologie, Heft 4, S. 479-489.

Wacquant, L.J.D./Wilson, W. J. (1992): The Cost of Racial and Class Exclusion in the Inner City. In: Wilson, W. J. (Hg.): The Ghetto Underclass. Social Science Perspektives. Newbury, London, New Delhi.

Walther, U.-J. (2002): Ambitionen und Ambivalenzen eines Programms. Die Soziale Stadt zwischen neuen Herausforderungen und alten Lösungen. In: Walther, U.-J. (Hg.): Soziale Stadt – Zwischenbilanzen. Ein Programm auf dem Weg zur Sozialen Stadt? Opladen 2002, S. 23-44.

Wehner, B. (1997): Organisierter Dilettantismus oder demokratische Expertenkultur? Bürgerbeteiligung in der Endzeit des politischen Generalismus. In: Klein, A./Schmalz-Bruns, R. (Hg.): Politische Beteiligung und Bürgerengagement in Deutschland. Bonn, S. 252-276.

Wessels, B. (1997): Politisierung entlang neuer Konfliktlinien? In: Klein, A./Schmalz-Bruns, R. (Hg.): Politische Beteiligung und Bürgerengagement in Deutschland. Bonn, S. 205-230.

Whitol de Wenden, C. (1998): Kommunale Integrationspolitik: Französische Erfahrungen. In: Heitmeyer,W./Dollase, R./Backes/O. (Hg.): Die Krise der Städte. Analysen zu den Folgen desintegrativer Stadtentwicklung für das ethnisch-kulturelle Zusammenleben. Frankfurt/Main, S. 377-397.

Wieviorka, M. (1996): Culture, societé et démocratie. In: Wieviorka, M. (Hg.): Une société fragmentée? Le multiculturalisme en débat. Paris, S. 11-60.

Wieviorka, M. (Hg.) (1999): Violence en France. Paris.

Wieviorka, M. (2001): La différence. Paris.

Winklhofer, U./Schneider, H. (1999): Literaturreport „Partizipation von Kindern und Jugendlichen". In: Deutsches Jugendinstitut (Hg.): Literaturreport 1997. München.

Wolf, L. (2000): L'association pour l'action: alliances et dissociations de groupes sociaux dans un quartier en DSQ. In: L'universel républicain à l'épreuve. Discrmination, ethnicisation, ségrégation. Heft 12, S. 84-94.

Worms, J.-P. (2001): Alte und neue staatsbürgerliche und bürgergesellschaftliche Bindungen in Frankreich. In: Putnam, R. D. (Hg.): Gesellschaft und Gemeinsinn. Sozialkapital im internationalen Vergleich. Gütersloh.

# Neu im Programm Soziologie

Karl-Dieter Opp, Kurt Mühler
**Region und Nation**
(Arbeitstitel)
Zu den Ursachen und Wirkungen regionaler und überregionaler Identifikation
2004. ca. 400 S. Br. ca. EUR 29,90
ISBN 3-8100-4105-X

Wie entstehen räumliche Identifikationen? Welche Auswirkungen haben sie auf andere Einstellungen und Verhalten? Das Buch bietet auf diese Fragen neue Antworten und überprüft sie mit einer eigenen empirischen Untersuchung.

Michael Schmid
**Rationales Handeln und soziale Prozesse**
Beiträge zur soziologischen Theoriebildung
2004. ca. 420 S. Geb. ca. EUR 42,90
ISBN 3-531-14081-7

Der Band dokumentiert die Reichweite der rationalistischen Handlungstheorie und deren Bedeutung für ein heuristisch fruchtbares soziologisches Erklärungsprogramm, das die überkommene Teilung in Mikro- und Makroanalyse überwindet.

Gunnar Otte
**Sozialstrukturanalysen mit Lebensstilen**
(Arbeitstitel)
Eine Studie zur theoretischen und methodischen Neuorientierung der Lebensstilforschung
2004. ca. 350 S. Br. ca. EUR 29,90
ISBN 3-8100-4161-0

Das Lebensstilkonzept wird seit zwei Jahrzehnten als Alternative zu klassischen Konzepten der Sozialstrukturanalyse diskutiert. Der bisherige Ertrag der Lebensstilforschung ist jedoch recht mager. Als Hauptprobleme der Forschungspraxis gelten: die mangelnde Vergleichbarkeit der Lebensstiltypologien; ihre Theoriearmut; der fragliche Realitätsgehalt einzelner Lebensstiltypen; der Erhebungsaufwand von Lebensstilvariablen. Die Studie beansprucht, diese Probleme durch die Entwicklung eines theoretisch begründeten und empirisch effizient einsetzbaren Analyseinstruments zu lösen.

Erhältlich im Buchhandel oder beim Verlag.
Änderungen vorbehalten. Stand: Januar 2004.

www.vs-verlag.de

**VS VERLAG FÜR SOZIALWISSENSCHAFTEN**

Abraham-Lincoln-Straße 46
65189 Wiesbaden
Tel. 0611.7878-285
Fax 0611.7878-400

# Aus dem Programm Sozialpolitik

Walter Bien, Alois Weidacher (Hrsg.)
**Leben neben der Wohlstandsgesellschaft**
(Arbeitstitel)
Familien in prekären Lebenslagen
2004. ca. 300 S. Br. ca. EUR 24,90
ISBN 3-8100-4096-7

Das Buch befasst sich mit Familien, die am Rande der Armut stehen. Was sind ihre Lebensumstände, wie sind sie in diese Lage geraten und wie kann ein weiteres Abgleiten verhindert werden? Trotz der umfangreichen Berichterstattung über Armut in Deutschland gibt es bisher kaum Informationen über armutsnahe Lebensverhältnisse, also über Risikolagen zwischen bekämpfter Armut und relativem Wohlstand. Etwas mehr Licht in diesen Graubereich der Forschungslandschaft bringt nun die vom Bundesfamilienministerium finanzierte Untersuchung „Familien in prekären Lebenslagen" des Deutschen Jugendinstituts.

Gertrud M. Backes, Wolfgang Clemens, Harald Künemund (Hrsg.)
**Lebensformen und Lebensführung im Alter**
(Arbeitstitel)
2004. ca. 300 S. Br. ca. EUR 24,90
ISBN 3-8100-4135-1

Lebensformen und subjektive Lebensführung älterer und alter Menschen haben sich in den letzten Jahrzehnten stark gewandelt. Das Buch zeigt, dass neben den klassischen Merkmalen sozialer Ungleichheit eine Reihe weiterer sozialer Bedingungen auf Handlungsmöglichkeiten im Alter wirken.

Nadia Granato
**Ethnische Ungleichheit auf dem deutschen Arbeitsmarkt**
(Arbeitstitel)
2004. ca. 200 S. mit 24 Abb. und 17 Tab. Br. ca. EUR 22,90
ISBN 3-8100-4057-6

Migranten und Deutsche unterscheiden sich darin, wie erfolgreich sie auf dem Arbeitsmarkt sind. Dieses Buch untersucht die Ursachen für diese Unterschiede.

Erhältlich im Buchhandel oder beim Verlag.
Änderungen vorbehalten. Stand: Januar 2004.

**www.vs-verlag.de**

**VS VERLAG FÜR SOZIALWISSENSCHAFTEN**

Abraham-Lincoln-Straße 46
65189 Wiesbaden
Tel. 0611.7878-285
Fax 0611.7878-400

MIX
Papier aus verantwortungsvollen Quellen
Paper from responsible sources
**FSC® C105338**

If you have any concerns about our products,
you can contact us on
**ProductSafety@springernature.com**

In case Publisher is established outside the EU,
the EU authorized representative is:
**Springer Nature Customer Service Center GmbH
Europaplatz 3, 69115 Heidelberg, Germany**

Printed by Libri Plureos GmbH
in Hamburg, Germany